Berühmte Rosen und ihre Geschichte

Stelvio Coggiatti

Berühmte Rosen
und ihre Geschichte

Bilder von
Anne Marie
Trechslin

amber verlag

Redaktion
ROSANGELA MENINI
Übersetzung aus dem Italienischen
TINA DORSCHNER

Schutzumschlagvorderseite: »Just Joey«, Pawsey, 1972
Schutzumschlagrückseite: »Candy Rose«, 1984
Abbildung Seite 2: »Sparrieshoop«, Kordes, 1953

Coggiatti, Stelvio:
Berühmte Rosen und ihre Geschichte
Stelvio Coggiatti. Bilder von Anne Marie Trechslin.
[Übers. aus d. Ital. Tina Dorschner]. –
Grünwald: Amber-Verlag, 1987.
Einheitssacht.: Il linguaggio delle rose ‹dt.›
ISBN 3-922954-06-5
NE: Trechslin, Anne Marie:

© 1987 Alle Rechte der deutschen Ausgabe
bei Amber/Gallant Verlag
© 1986 Arnoldo Mondadori Editore S.p.A. Mailand
Satz: SchumacherGebler, München
Druck und Einband: Arnoldo Mondadori Editore Verona

Inhaltsverzeichnis

»Wie ein jungfräulich Erröten zieht es durch die Lauben hin:
Oh, die Rose! – Ach, die Rose ist der Blumen Königin.
Und der Blitzstrahl ihrer Schönheit trifft den Kühlsten, eh' gedacht,
Hat auf seinen bleichen Wangen unversehens Glut entfacht.
Oh, die Rose atmet Liebe – ach, die Rose lädt zum Fest,
Wenn ihr Kelch die roten Lippen Aphroditens trinken läßt.
Und der Westwind, der voll Schalkheit mit dem Blütenkleide spielt,
Hängt gefangen in den Ranken, wenn er ihr ein Lächeln stiehlt,
Sie bestrickt, auch wenn sie lacht –
oh, der Rose Zaubermacht!«

(Sappho)

Die Rosen

Rosa damascena semperflorens

Rosa damascena semperflorens (röm. Zeitalter); Syn.: *Rosa damascena bifera.*

Vermutlich ist diese Rose das Ergebnis einer natürlichen Bestäubung zwischen einer *Rosa gallica,* einer alten Wildrose aus Europa und dem Nahen Osten, und einer *Rosa moschata,* die aus der gleichen Klimazone stammt und deren Blütezeit verhältnismäßig spät zwischen August und Oktober liegt. Überzeugendes Beweismaterial hierfür fehlt zwar, doch sprechen einige bekannte Fakten für diese Theorie, so die Existenz einer einzigen öfterblühenden Sorte in der römischen Antike und der weit zurückliegende Ursprung der Eltern, der durch cythologische Untersuchungen von C. C. Hurst nachgewiesen wurde.

P. J. Redouté, der gewöhnlich die lateinischen und französischen Namen der von ihm gemalten Rosen nannte, schrieb unter eines seiner herrlichen Aquarelle *Rosa damascena italica – La quatre-saisons d'Italie.*

Italienische Abstammung wird ihr nachgesagt, da man annimmt, daß sie bereits in den Rosengärten von Paestum zu finden war, wo sie zweimal im Jahr blühte (...*canerem biferique rosaria Paesti,* Vergil, Georgica). Die etwas überschwengliche Bezeichnung *quatre-saisons* hat einer wohlwollenden Interpretation zufolge ihre Berechtigung, da die Rose nach ihrer üblichen Blütezeit Ende April möglicherweise auch noch im September, Oktober und November Blüten hervorbrachte.

Auch der Jesuitenpater G. B. Ferrari hatte sowohl in der lateinischen Ausgabe von *Flora, seu de Florum cultura* aus dem Jahre 1633 als auch in der italienischen des Jahres 1638 eine »italienische Rose für jeden Monat« beschrieben. Leider jedoch spricht er darin nicht nur von einer »immerblühenden« Rose, sondern erwähnt auch ihr »sanftes Rot«, weshalb man annehmen muß, daß auch bei dieser Gelegenheit der ansonsten durchaus geschätzte Autor in gutem Glauben unüberprüfte und durch mündliche Überlieferung verfälschte Behauptungen übernommen hat. Es könnte natürlich sein, daß es sich bei der von ihm beschriebenen Rose um eine *Rosa chinensis semperflorens* gehandelt hat, die schon drei Jahrhunderte vor ihrem offiziellen Erscheinungsdatum »inkognito« in Europa vorhanden war.

Rosa canina

Rosa canina (röm. Zeitalter); Syn.: *Rosa canina* »*Pollmeriana*«.
Plinius d. Ä. übernimmt in seiner Naturgeschichte *Naturalis historia* die
weit verbreitete Meinung von der Wirksamkeit eines Absuds aus der
Wurzel der *cynorrhodon (Rosa canina* nach Linné) gegen den
Biß tollwütiger Hunde und beschreibt eine Begebenheit, die uns das
Vertrauen von Volk und Gelehrten der damaligen Zeit in dieses
trügerische Heilmittel bestätigt. Jedenfalls hat jener Glaube bewirkt,
daß der Name offiziell in die botanische Systematik aufgenommen
wurde.
Heutzutage schreibt man der *Rosa canina* nicht mehr heilende
Eigenschaften bei Tollwut zu, sondern hält im Höchstfall ihre Hage-
butten für einen wichtigen natürlichen Vitamin-C-Spender. So waren
diese Früchte während des letzten Krieges tatsächlich ein Bestandteil
der Notverpflegung englischer Soldaten und auch in der täglichen
Essensration der Kinder enthalten.
Die hier abgebildete Sorte wurde von Pollmer aus Großenhain in
Deutschland gezüchtet und verbreitet und ist dank ihrer glänzenden
Blätter und der blendend weißen Petalen wohl die reizvollste
Vertreterin der *Rosa canina.* Ihre Bedeutung verdankt sie jedoch
anderen Eigenschaften. Sie ist nämlich eine der wenigen Rosen, die
von den Züchtern der ganzen Welt als ideale Veredelungsunterlage
sowohl für Garten- als auch für Schnittrosen verwendet wird. Die
Rosa canina »*Pollmeriana*« ist von kräftigem Wuchs, kälte- und hitze-
unempfindlich, jedoch wenig geeignet für Küstengebiete. Nachteilig ist
die kurze Zeitspanne zu Beginn der Saison, in der die Veredelung
erfolgen muß. Sie liefert jedoch ausgezeichnete Ergebnisse für die
Zucht von Treibrosen.

Rosa alba semiplena

Rosa alba semiplena (röm. Zeitalter); Syn.: *Rosa alba suaveolens*.
Der Botaniker Hermann Christ stellt in dem 1873 erschienenen Buch
Die Rosen der Schweiz die Hypothese auf, daß es sich bei dieser Art
um eine Naturhybride handele. Spätere Studien von Dr. C. C. Hurst
kamen zu dem Ergebnis, daß die *Rosa alba* mit ziemlicher Sicherheit
durch die natürliche Befruchtung der *Rosa canina froebelii* mit Pollen
der *Rosa damascena* entstanden ist (letztere selbst eine Hybride aus
Rosa gallica x *Rosa moschata)*.
Es ist fast unmöglich, die genaue Morphologie der typischen *Rosa alba*
festzustellen. Anhand der Beschreibungen von Autoren des Altertums
konnte man jedoch ihre wichtigsten Sorten ermitteln: *Rosa alba
incarnata* (Syn.: »Cuisse de Nymphe«), *Alba maxima* und *Alba semiplena*. Dem bekannten Standardwerk *Trees & Shrubs Hardy in the
British Isle* von W. J. Bean zufolge unterscheidet sich die Erstgenannte
von der *Rosa alba* durch die unterschiedliche Anzahl der Blättchen,
das fast völlige Fehlen von Stacheln und die blaßrosa Farbe der
Blütenblätter. Auch heißt es, bei der *Rosa alba maxima* und der *Rosa
alba semiplena* handele es sich um wechselseitige Mutationen. Diese
Meinung findet Bestätigung in eindeutigen Fällen von Atavismus, die
mehrfach sowohl in die eine wie auch in die andere Richtung festgestellt wurden. Die Blüten der Spezies wie auch der Varietäten sind
etwas abgeflacht, die stark duftenden Blütenblätter unregelmäßig
angeordnet.
Neben Frankreich ist Bulgarien das Zentrum der Rosenölgewinnung.
In Kasanlik, im berühmten Tal der Rosen, verwendet man hierzu
hauptsächlich die Blütenblätter der *Rosa damascena trigintipetala,* ein
kleiner Prozentsatz stammt jedoch auch von *Rosa alba*-Sorten.

Rosa laevigata

Rosa laevigata (seit 1780 in den USA); Syn.: *R. sinica, R. ternata, R. tryphilla, R. camellia.*

Ursprungsländer dieser Rose sind Formosa und die chinesischen Küstengebiete. Seit circa zwei Jahrhunderten findet man sie jedoch auch verwildert in vielen Gegenden des Staates Georgia in USA, der diese Rose sogar zu seinem Emblem gemacht hat. In den englischsprachigen Ländern kennt man sie auch unter dem Namen *Cherokee Rose,* so benannt nach einem nordamerikanischen Indianerstamm, der eine unabhängige Republik gegründet hatte, die 1906 gewaltsam aufgelöst wurde.

Wie der wissenschaftliche Name schon sagt, tragen die langen Ranken dieser Rose glänzende Blätter (meist nur aus drei Blättchen zusammengesetzt) und breite, einfache Blüten mit schneeweißen duftenden Petalen, deren Inneres belebt wird durch ein dekoratives goldgelbes Büschel von Staubblättern und -kolben. Dies läßt auf reiche Nachkommenschaft schließen – doch der Schein trügt. Nur eine einzige Tochter mit Namen »Anemonoides« ist bekannt, entstanden aus einer *Rosa laevigata* als Mutterrose und einer Teehybride als Vater.

»Anemonoides« ist ebenfalls eine Kletterrose mit einfachen Blüten, die Petalen sind zartrosa und etwas weniger duftend. Während die Sorte frostempfindlich ist und nur einmal blüht, bringt »Anemonoides« in mildem Klima auch noch im Herbst einige Blüten hervor. Das gilt auch für »Ramona«, ihre Knospenmutation, die sich von ihr lediglich durch die kirschroten Blütenblätter unterscheidet.

AmTrechslin.

Rosa glauca

Rosa glauca (1788); Syn.: *R. rubrifolia* (1789), *R. rubicunda* (1797),
R. ferruginea (offiziell nicht anerkannt).
Diese Rose bringt nur bescheidene einfache Blüten hervor, und ihre
Blütezeit ist von kurzer Dauer. Aber die Bewunderung der Rosenlieb-
haber gilt auch mehr der zarten und ungewöhnlichen Farbe ihrer
Blätter. G. S. Thomas, ein ausgezeichneter Beobachter und Rosen-
kenner bezeichnet sie in der Zeit von Frühjahr bis Herbst als blaugrün.
Er weist jedoch darauf hin, daß die Blätter dieser Rose an kühlen und
schattigen Standorten dazu neigen, sich zu vergrößern und eine grau-
violette Schattierung anzunehmen, während sie bei voller Sonneneinstrahlung kleiner werden und eine lila Tönung mit kupferfarbenen
Nuancen aufweisen. Die jungen Zweige faszinieren durch ihr klares
Violett und das fast völlige Fehlen von Stacheln ebenso wie durch die
duftigen, bescheidenen Blumenbüschel. Die Zweige werden auch
ohne Blüten wegen ihrer einfachen Eleganz zu jeder Jahreszeit gern
für ungewöhnliche Blumengestecke verwendet.
Um kräftige Pflanzen zu erhalten, sollte man nicht zu veredelten Rosen
greifen, sondern den aus Sämlingen oder Stecklingen gezogenen den
Vorzug geben. Da es sich um die botanische Spezies handelt, wird man
außer in Fällen von zufälliger und spontaner Bestäubung stets Nachkommen gleichen Aussehens erhalten. Und doch ist diese Rose, die
ihre Berühmtheit hauptsächlich ihren einfachen Linien und ihren
zarten Farben verdankt, für eine komplizierte taxonomische Verflech-
tung verantwortlich: Im Laufe von zwanzig Jahren haben ihr die
Botaniker nicht weniger als vier verschiedene Namen gegeben. Am
meisten durchgesetzt hat sich der Name *Rosa rubrifolia*, den man auch
heute noch verwendet, obwohl er nur noch als Synonym anerkannt
wird. Die offizielle Bezeichnung dieser Rose lautet inzwischen *Rosa
glauca*. Der Grund für diese Namensänderung liegt in den Bestimmungen des Internationalen Code der botanischen Nomenklatur. Dort
heißt es in Artikel 63 über die Priorität der Namen, daß »eine Bezeichnung nicht legitim ist und abgelehnt werden muß, wenn sie im
Augenblick der Einführung überflüssig ist«. So muß denn der Name
Rosa rubrifolia, der in einer Beschreibung aus dem Jahre 1789
erscheint, der Bezeichnung *Rosa glauca* den Vortritt lassen, da diese
im Jahr davor bereits rechtsgültig veröffentlicht worden war.

AMTrechslin.

Rosa chinensis pallida

Rosa chinensis pallida (1793); Syn.: *»Old Blush«, »Common Blush«.*
Die *Rosa chinensis,* als botanische Spezies verstanden und 1768 vom
Botaniker Jacquin aus Leyden so benannt, ist vermutlich
ausgestorben. Als ihre Nachkommen gelten heute die Gartenrosen
chinesischen Ursprungs. Da sehr wenig über diese Rose bekannt ist,
gab man ihr zum Teil ungenaue Bezeichnungen oder benutzte
geographische Begriffe *(Rosa indica* und *Rosa bengalensis),* die später
für ungültig erklärt wurden, da sie nicht zutrafen. Die hier abgebildete
Rosa chinensis pallida kann für sich in Anspruch nehmen, zusammen
mit anderen chinesischen Rosen zwischen dem Ende des 18. und
dem Beginn des 19. Jh. in Europa die sehr begehrte Eigenschaft des
wiederholten Blühens eingeführt zu haben, also die Fähigkeit, auch im
Sommer und Herbst Blüten zu produzieren. Über den Ursprung der
Rosa chinensis pallida fehlen genaue Angaben. Man vermutet jedoch,
daß sie aus einer weit zurückliegenden natürlichen Bestäubung der
Originalspezies entstanden ist. Maßgebliche Autoren wie Willmott,
Bean, Young u. a. datieren ihr Entstehen über tausend Jahre zurück;
dafür sprechen auch Abbildungen auf sehr alten chinesischen Stoffen.
Als vor zwei Jahrhunderten die ersten chinesischen Rosen nach
England gebracht wurden, gab man ihnen dort Bezeichnungen, die
besondere Eigenschaften der Blüte hervorheben sollten (»Blush« –
Röte, »Monthly Rose« – Monatsrose usw.).
Die *Rosa chinensis pallida* hat vermutlich den größten Beitrag zur
Entstehung der modernen Rosen geleistet. Sie war die erste, mit deren
Hilfe in Amerika, Afrika und Europa neue Rosensorten entstanden,
man denke nur an die Kreuzungen mit
– *Rosa damascena semperflorens,* eine vermutlich wilde Bestäubung,
die um 1820 auf der Insel Réunion stattfand, zu jener Zeit französische
Kolonie und Ile de Bourbon genannt. Aus dieser Kreuzung gingen
die Bourbonrosen hervor.
– *Rosa moschata,* manuelle Bestäubung um 1812 durch den Reis-
pflanzer John Champney in South-Carolina, USA. Die daraus hervor-
gegangene Rosensorte wurde in Europa durch die Brüder Noisette
vertrieben und war der Ursprung der Noisetterosen, die später der
Klasse der Teehybriden zugerechnet wurden.
– Bourbonrosen und andere Nachkommen der Chinarosen, aus denen
sich öfterblühende Hybriden entwickelten, die dann unter dem Ober-
begriff Teehybriden zusammengefaßt wurden.

Rose de Meaux

»Rose de Meaux« (circa 1800); Syn.: *Rosa centifolia »Pomponia«.*
Drei berühmte Rosenmaler haben diese nicht sehr große *Rosa centi-folia* auf naturgetreuen und einander sehr ähnelnden Aquarellen dar-gestellt. Bei Pierre-Joseph Redouté finden wir die »Rosa Pomponia«
in Band I, Tafel 65, des Werkes »Les roses«. Alfred Parson stellt sie
unter dem gleichen Namen in Band II, Tafel 119, des Buches »The
Genus Rosa« von Ellen Willmott vor, und auf der gegenüberliegenden
Seite ist das Aquarell von Anne Marie Trechslin zu sehen. Bei einem
Vergleich der erwähnten Abbildungen wird man – abgesehen von
ihrem künstlerischen Wert – feststellen, wie wenig sich diese Rose im
Laufe von fast zwei Jahrhunderten (1816–1986) verändert hat, wie
gleichbleibend das Aussehen der Blüten ist, deren zartrosa Petalen zur
Blütenmitte hin einen immer kräftiger werdenden Farbton annehmen,
eine ganz typische Eigenschaft dieser Rose. Man kennt für die »Rose
de Meaux« verschiedene Synonyme wie z. B. *Rosa burgundensis, Rosa
burgundica,* die sich wohl auf die *Rosa centifolia »Parvifolia«* beziehen;
auch gibt es Einwände gegen ihre Zugehörigkeit zur Gruppe der *Rosa
centifolia* überhaupt. Ellen Willmott schreibt in ihrem oben erwähnten
Buch, daß der Name »Rose de Meaux« in engem Zusammenhang
steht mit Reverend Domenico Séguier, Bischof und Vorgänger des
großen Bossuet, »Adler von Meaux« genannt. Bischof Séguier war
leidenschaftlicher Gärtner, und seine ganze Liebe galt den achtzehn
verschiedenen Rosensorten in seinem Garten. Aufgrund der etwas
ungewöhnlichen Verbindung von geistigen und botanischen Interessen
galt er in seinem Heimatort als herausragende Persönlichkeit.
Bevor wir die Vorstellung dieser Varietät der *Rosa centifolia* abschlie-
ßen, sei noch darauf hingewiesen, daß sie die Lieblingsrose der
flämischen Maler war. Übrigens hat sie nichts gemein mit der gleichnamigen Rose des alten Rom. Über ein Jahrtausend fehlte jeglicher
Hinweis auf ihre Existenz, weshalb man den Namen zu Beginn des
17. Jahrhunderts in Holland einer stark gefüllten Rose mit leicht
kugeligen zartrosa Blüten zuteilte. Später bestätigte auch Linné diese
Namensgebung.

Rosa centifolia cristata

Rosa centifolia cristata (1829); Syn.: »*Chapeau de Napoléon*« –
»*Crested Moss*«.

Ein unbekannter Schweizer Gärtner entdeckte diese Sorte ungefähr zur
gleichen Zeit, als der große Korse starb. Die Franzosen glaubten im
ungewöhnlichen Aussehen der Knospen den »Chapeau de Napoléon«
wiederzuerkennen. Doch auch der englische Volksmund stand den
Franzosen mit volkstümlichen Beinamen in nichts nach. So über-
setzten sie zwar den lateinischen Namen *cristato* korrekt mit *crested,*
mit dem Zusatz *moss* = Moos jedoch stachen sie in ein Wespennest.
Schließlich versteht man in der Botanik unter diesem Ausdruck den
moosähnlichen Überzug, der – einem Spitzengeflecht gleich – nicht
nur die Kelchblätter, sondern auch Stiel und Blütenblätter von Rosen
bedeckt, die fast immer von der *Rosa centifolia* abstammen. Ihnen
allein steht die Bezeichnung *Rosa muscosa*/Moosrose zu. Einige
andere Mißverständnisse sind auf eine botanische Spezies mit Namen
Rosa moschata zurückzuführen. Diese verdankt ihre Bezeichnung
Moschusrose dem Duft ihrer Petalen, der dem Sekret tierischer Drüsen
gleicht, insbesondere dem des *Moschus moschiferus.*
Die hier abgebildete Rose gehört mit Sicherheit zur Gruppe der
Centifolia; doch woher kommen die gezackten Ränder der Kelchblätter, die den Knospen ihr bizarres Aussehen verleihen? Man könnte
vermuten, diese Besonderheit sei auf natürliche Mutation zurück-
zuführen – unabhängig von jener, durch die die Moosrosen entstanden. Roy E. Shepherd hingegen, ein Experte auf dem Gebiet der
Rosengeschichte, vertritt die Ansicht, daß die erste Rose mit diesen
Eigenschaften aus dem Samen der *Rosa centifolia* hervorgegangen sei.
Sehr aufschlußreich ist die älteste Beschreibung der *Rosa centifolia
cristata* aus dem Jahr 1829, die jeglichen Zusammenhang zwischen
den gezackten Kelchblättern und der weichen und duftenden
Umhüllung der Moosrosen verneint. Auch andere maßgebliche Rosenzüchter wie Paul, Parsons, Bunyard, Hurst und Thomas haben diese
Theorie bestätigt. Im berühmten »Botanical Magazine«, der einzigen
von 1786 bis heute ohne Unterbrechung erschienenen Botanik-
zeitschrift, veröffentlichte allerdings William Curtis sieben Jahre später
eine erste bescheidene Farbabbildung dieser Rose und entfachte damit
erneut den Streit, denn er führte sowohl den lateinischen als auch
den englischen Namen auf, also *Rosa centifolia muscosa cristata,
crested variety of Moss Rose* und präzisierte »unabhängig vom eigen-
willigen Aussehen der büschelartigen Bemoosung«.

Gloire de Dijon

»Gloire de Dijon« (1853).

Der Dekan von Rochester, Reverend S. Reynold Hole, war von 1877
bis 1904, also siebenundzwanzig Jahre lang, Präsident der *National
Rose Society*. Von ihm stammt das berühmte Buch »A book about
Roses«, das mit sechsundzwanzig Auflagen in vier Jahrzehnten (1869–
1910) zu einem der Bestseller des letzten Jahrhunderts zählt. Im
Kapitel VIII schreibt er unter anderem: »Meiner Meinung nach ist die
beste aller mir bekannten Kletterrosen die »Gloire de Dijon«, die man
zwar üblicherweise den chinesischen Teerosen zurechnet, die aber
wegen ihres kräftigen Wuchses und ihrer größeren Widerstandskraft
den Noisetterosen nähersteht.« Und er fährt fort: »Würde ich dazu
verurteilt, den Rest meines Lebens nur mit einer einzigen Rose
zubringen zu dürfen, so würde ich vor Verlassen des Gerichts um die
Gnade bitten, ein schönes Exemplar der ›Gloire de Dijon‹ mitnehmen
zu dürfen.«

In der Tat gehört diese wunderschöne Rose zu den fleißigsten Blüten-
spenderinnen aller Kletterrosen. Mit ihren großen, gelben Blüten
und ihrem starken Teeduft ist sie eine der elegantesten Rosen, die
zudem die vielfältigsten Verwendungsmöglichkeiten bietet. Unter
besonders guten Bedingungen kann sie bis zu vier Meter hoch werden.

Rosa banksiae lutescens

Rosa banksiae lutescens (in Europa seit 1870).
Das Aquarell stellt eine *Rosa banksiae* dar, bei den Botanikern unter
dem Namen *Rosa banksiae lutescens* bekannt. Charakteristisch für
diese Rose sind die in Büscheln zustammenstehenden gelben Blüten
mit jeweils fünf duftenden Petalen. In den ersten Jahrzehnten des
vergangenen Jahrhunderts stieß das Vordringen der Europäer in China
auf beträchtliche Schwierigkeiten. Die »Pflanzenjäger« hatten lediglich
die Möglichkeit, in unmittelbarer Nähe der Hauptstädte zu sammeln,
zudem waren die in Gärten oder Pflanzschulen gezüchteten Pflanzen
nach rein dekorativen Gesichtspunkten ausgewählt, hatten auffallende,
oft duftende Blüten und waren somit weitaus reizvoller als die Wildsorten.
Die ersten 1807 und 1824 in England eingeführten Vertreter der *Rosa
banksiae* waren zwei Varietäten mit gefüllten Blüten, die eine mit
weißen Petalen und Veilchenduft, die andere mit gelben Blüten, fast
ohne Duft, jedoch trotzdem sehr beliebt, da sie weniger frostempfindlich war.
Chronisten wie Ellen Willmott in *The Genus Rosa* berichten von einer
Rosa banksiae, die schon seit dem Ende des 18. Jh. im Park eines
schottischen Schlosses stand, die aber nie geblüht hatte. Erst nachdem
sie in einen Garten an der Cote d'Azur gebracht wurde, zeigte sie 1909
zum ersten Mal einfache weiße und duftende Blüten. Es handelte sich
hierbei also um die ursprüngliche botanische Spezies. 1877 berichtet
das *Bullettino della Società Toscana di Orticultura* vom Versuch einer
von Paolo Baroni durchgeführten Befruchtung. Paolo Baroni,
Chefgärtner des Botanischen Gartens von Florenz, war es bereits 1869
gelungen, von den wenigen Staubblättern und -kolben der *Rosa
banksiae »Alba plena«* einige Samen zu erhalten. Aus ihnen züchtete er
drei Rosen mit einfachen Blüten, zwei davon mit weißen, eine mit
gelben Petalen.
Aus den Chroniken der damaligen Zeit erfährt man weiterhin, daß die
erste *Rosa banksiae lutescens* (also mit einfachen gelben Blüten)
frühestens 1871 durch Sir Thomas Hanbury nach England kam und
aus seinem Garten in La Mortola bei Ventimiglia stammte.
Es mag verwirren, daß eine chinesische Rose in Italien beheimatet war.
Die Erklärung hierfür liegt in den engen Beziehungen Hanburys zu
China, wo Thomas Hanbury einen Großteil seines Lebens in der
englischen Handelsvertretung tätig gewesen war.
Ist es ein Zufall, daß die erste *Rosa banksiae* mit einfachen Blüten
(die von Paolo Baroni) und die erste *Rosa banksiae lutescens* von
Hanbury auf ihrem Weg nach Europa beide zuerst in Italien Halt
machten? Vielleicht war es der geheime Wunsch der Pflanzen, auf dem
alten Kontinent das milde Mittelmeerklima zu genießen.

AmTrechslin.

Mme Alfred Carrière

»Mme Alfred Carrière« (1879).
Lyon gilt seit dem letzten Jahrhundert als der Mittelpunkt für
Rosengärtner und Züchter neuer Sorten. Die südfranzösische Stadt
ist auch die Heimat von Joseph Schwartz, der nicht nur das Verdienst
für sich in Anspruch nehmen kann, die Sorte »Mme Alfred Carrière«
gezüchtet zu haben, sondern er hat auch andere ausgezeichnete Rosen
herausgebracht, die für die Entwicklung der Rosenzüchtung von
großer Bedeutung waren wie z. B. »La Tosca«, »Mme Ernest Calvat«,
»La Reine Victoria«, »Roger Lambelin«. Nach seinem Tod konnte der
Betrieb erfolgreich weitergeführt werden, was sowohl seinem guten
Ruf, den bis dahin noch nicht eingeführten Sämlingen und dem
eifrigen Einsatz seiner Witwe zu verdanken war. Schenkt man den
statistischen Daten der *Nomenclature de tous les noms des roses* (Paris
1906) Glauben, so hat Joseph Schwartz dreiundsechzig neue Sorten,
seine Witwe siebenundfünfzig gezüchtet.
Alle Hinweise auf die »Eltern« der hier beschriebenen Varietät fehlen,
und die objektive Prüfung ihrer Eigenschaften läßt Zweifel aufkommen
an der üblicherweise praktizierten Zuordnung zu den Noisetterosen.
Die leicht kugelförmigen Blüten lassen eher an Bourbonrosen denken,
der Duft und einige andere Eigenschaften hingegen erinnern an
Teerosen.
Welche Schlußfolgerungen man auch immer aus diesen Überlegungen
ziehen mag, eines steht fest: »Mme Alfred Carrière« ist auch heute noch
eine sehr beliebte Kletterrose, gesund, öfterblühend und von kräftigem
Wuchs.

AmTrechslin.

Mrs. John Laing

»Mrs. John Laing« (1887).
Diese Varietät gehört zu den »zweimal blühenden oder biferischen«
Rosen. Die Franzosen nennen sie *Hybrides remontants*, und die
Engländer gaben ihnen den etwas übertriebenen Namen *Hybrids
Perpetual* (HP). Sie entstanden zu Beginn des vergangenen Jahrhunderts aus der Kreuzung der *Rosa damascena semperflorens* mit
europäischen Nachkommen der *Rosa chinensis.*
G. S. Thomas, der wohl beste Kenner und Liebhaber alter Rosen, lehnt
diese öfterblühenden Hybriden ab und gibt ihnen die Schuld daran,
daß seine Lieblingsrosen eine gewisse Zeitlang ins Abseits gedrängt
wurden. Doch er ist sich auch sehr wohl der Tatsache bewußt, daß von
dieser »Horde« öfterblühender Hybriden nur sehr wenige überlebt
haben und schlägt deshalb einige Rosen vor, die es seiner Meinung
nach wert seien, »gerettet« zu werden, allen voran »Mrs. John Laing«.
Hundert Jahre davor hatte der Viehzüchter Henry Bennett bei der
Kreuzung und Selektion von Rosen damit begonnen, ähnliche Tech-
niken wie bei der Viehzucht anzuwenden. Dies brachte ihm die Kritik
derer ein, die solche Parallelen für geschmacklos hielten. Bennett
gelang es jedoch, die Stichhaltigkeit seiner These zu beweisen. Er
gewann mit »Her Majesty« eine Goldmedaille, und eine weitere folgte,
als er »Mrs. John Laing« vorstellte. Beide Preise waren von der
National Rose Society ausgesetzt worden, die ihren Beinamen »Royal«
übrigens erst im Jahre 1966 erhalten sollte. Im Gegensatz zu heute
bewertete man bei den Wettbewerben jener Zeit Schnittrosen, nicht
Rosenstöcke. Der erste Wettbewerb, bei dem die Leistung gezüchteter
Rosen in einem Prüfungsgarten bewertet wurde, fand erst im Jahre
1929 in England statt. Heute ist dies die am meisten verbreitete Form
des Wettbewerbs.
Der Schriftsteller und Rosenzüchter Foster-Melliar bezeichnete
»Mrs. John Laing« als die Rose für jedermann, da sie die wenigsten
Mängel aufweise. Als besonders positive Eigenschaften nannte er ihre
gute Eignung für Blumenbeete (zu jener Zeit war die zweite Blüte nicht
so kontinuierlich wie heute), die Widerstandsfähigkeit gegen Mehltau,
die Fülle der Petalen, die Formschönheit und den intensiven Duft der
Blüten.
Ein Jahrhundert nach ihrem Entstehen hat »Mrs. John Laing« im *Handbook for Selecting Roses* der *American Rose Society* die Bewertung
8,2/10.

Rosa sericea pteracantha

Rosa sericea pteracantha (aus China stammend, seit 1890 in Europa);
Syn.: *R. omeiensis pteracantha.*
Man kann die Stacheln der Pflanzen als ihre natürlichen Abwehrwaffen
betrachten oder aber die Ansicht vertreten, daß sie sich mit Hilfe der
Dornen abstützen oder klettern. Manch einer sieht in den Dornen auch
den Preis, den man zahlen muß, will man sich dem Schönsten einer
Pflanze, der Blüte, nähern. Alphonse Karr (1808–1890), ein geist-
reicher Schriftsteller und erfahrener Gärtner, befürwortet letztere These
im folgenden Sonett:

De leur meilleur côté　　　　　*Laßt uns die Dinge stets*
Tâchons de voir les choses.　　*nur von der besten Seite sehn.*
Vous vous plaignez de voir　　*Die Rosen voller Dornen*
Les rosiers épineux　　　　　　*magst du vielleicht beklagen*
Et je rends grâce aux dieux　　*ich aber dank dem Himmel*
Que les épines aient des roses!　*daß Dornen Rosen haben!*

Auch wenn ein bekanntes Sprichwort das genaue Gegenteil
behauptet, so gibt es eben doch einige Rosen »ohne Dornen«. Im
Jahre 1986 brachte ein kalifornischer Züchter sogar gleich drei völlig
stachellose Neuzüchtungen in den Handel: »Smooth Velvet«, »Smooth
Lady« und »Smooth Angel«.
Aber auch die Liebhaber völlig unbewehrter Zweige können sich nicht
der Faszination der Dornen entziehen, die – einem wahren Verteidi-
gungsbollwerk gleich – die jungen Zweige der *Rosa sericea
pteracantha* schmücken. Die roten durchscheinenden Stacheln ziehen
sofort die Aufmerksamkeit auf sich, erst dann fällt der Blick auf
die Blüten, die ihrerseits auch eine Besonderheit darstellen. Die *Rosa
sericea* hat nämlich ebenso wie ihre Varietäten nur vier Petalen,
während alle anderen einfachen Rosen über fünf verfügen. Der
Beiname *pteracantha* kommt übrigens aus dem Griechischen (*pteron* =
Flügel, *akanta* = Stachel) und bezieht sich auf die flügelähnlichen
Stacheln.

Mme Caroline Testout

»Mme Caroline Testout« (1890).
In Kürze jährt sich die Geburt dieser Rose zum hundertsten Mal. Man findet sie auch heute noch in vielen Gärten, allgemein beliebt wegen ihrer Langlebigkeit, ihrer verschwenderischen Blühfreudigkeit und von jeher bewundert wegen der samtigen, leuchtendrosa Farbe, des intensiven Duftes und der Fülle der Petalen, die der Blüte eine leicht kugelige Form geben. Daß sie sich recht einfach im Herbst durch Stecklinge vermehren läßt, gehört zu den weniger bedeutenden, aber durchaus nennenswerten Eigenschaften.

So sieht also diese Veteranin unter den Rosen aus. Aber von wem hat sie ihren Namen, wer war Madame Caroline Testout eigentlich? Die Chroniken der Zeit beschreiben sie als eine sehr angesehene französische Schneiderin. Bei der Eröffnung ihres Londoner Geschäfts wünschte sie sich, ihren Namen mit der Eleganz, der Farbe und dem Duft einer schönen Rose zu verbinden. Der »Magier von Lyon«, Joseph Pernet-Ducher, überließ ihr daraufhin die gesamten Rechte an einer bis dahin noch nicht eingeführten Rose, verbunden mit der Erlaubnis, diese »Caroline Testout« zu nennen. Vermutlich war dies eine der ersten von einer Frau erdachten und in die Tat umgesetzten Werbekampagnen.

Seit Beginn dieses Jahrhunderts verwendet die Stadtverwaltung von Portland ausschließlich »Mme Caroline Testout« für die Bepflanzung von Parks, Gärten und Alleen der Stadt. Dem 1916 erschienenen Jahrbuch der *National Rose Society* zufolge wurde hierbei die schier unglaubliche Anzahl von drei Millionen Rosen verwendet.

Fimbriata

»Fimbriata« (1891).

Seit jeher ist die Rose die Königin der Blumen, und als unumschränkte Herrscherin braucht sie den Vergleich mit ihren Untertanen nicht zu scheuen. Die Natur wollte jedoch, daß aus einigen Kreuzungen zwischen *Rosa rugosa*-Varietäten und ebensolchen der *Rosa multiflora* und *Rosa noisettiana* (heute zu den Teehybriden zählend) Rosen entstanden, die rein vom Aussehen der Blüten her den Nelken ähnelten, was hauptsächlich auf ihre kurzen Petalen und deren deutlich gefranste Ränder (in der botanischen Fachsprache »fimbriato« genannt) zurückzuführen ist. Sofern nicht noch eine bisher unbekannte Sorte existiert, beschränkt sich der Kreis der sogenannten Nelkenrosen auf vier Varietäten:

– *»Fimbriata«,* die älteste, auch »Dianthiflora« genannt, gilt als Tochter der *Rosa rugosa* (Mutter) und »Mme Alfred Carrière« (Vater), letztere eine Kletterrose mit weißen Blüten, die nur wenige Eigenschaften auf die Tochter übertragen hat, denn »Fimbriata« hat einen strauchigen Habitus, runzelige Blätter und duftende rosafarbene Petalen. Sie gedeiht vor allem in Gegenden mit hoher Luftfeuchtigkeit und fruchtbarem Boden;

– »F. J. Grootendorst« *(Rosa rugosa rubra* x »Mme Norbert Levavasseur«, Polyantharose mit roten Blüten, 1918) trägt kleine rote Blüten, die in Büscheln zusammenstehen und keinen Duft aufweisen. Diese Sorte zeichnet sich durch Blütenreichtum und wiederholte Blühfreudigkeit aus.

– »Pink Grootendorst«, 1923. Ein *sport* (Knospenmutation) der oben genannten Varietät mit den gleichen Eigenschaften, abgesehen von einer geringeren Wuchskraft und dem lebhaften Rosa der Blüten.

– »Grootendorst Surpreme«, 1936. Eine weitere Mutation von »F. J. Grootendorst«, wegen der schwachen Konstitution und der zwar herrlich dunkelroten, aber noch kleineren Blüten weit weniger geschätzt.

Grootendorst ist übrigens der Familienname der Rosenzüchter, deren Betrieb in Boskoop, Holland, die drei hier beschriebenen Rosen in den Handel gebracht hat.

A.M.TRECHLIN.

Blanc Double de Coubert

»Blanc Double de Coubert« (1892).

Diese Rose trotzt den stärksten Frösten, sie gedeiht auch auf sandigem Boden, die Winde der Küstengebiete können ihr nichts anhaben, sie ist nicht anfällig für Krankheiten, das Weiß ihrer Blüten ist so makellos wie bei keiner anderen Rose, und ihr Duft hält auch die Nacht über an. Dies mag als eine übertrieben schmeichelhafte Beschreibung angesehen werden, und doch ist es die getreue Aufzählung aller Eigenschaften der »Blanc Double de Coubert«. Der Wahrheit zuliebe sollte man aber nicht zu erwähnen vergessen, daß sie Böden mit starker alkalischer Reaktion nicht liebt und im ersten Jahr der Pflanzung nicht das geringste Zeichen von Wachstum zeigt. Aber selbst dadurch wird ihre hohe Bewertung kaum beeinträchtigt. Die oben genannten Eigenschaften treffen übrigens zum Großteil auch auf viele andere Nachkommen der *Rosa rugosa* zu, diese chinesisch-japanische Rose, die nach Ansicht der Traditionalisten den Nachteil hat, daß sich ihre Blüten nicht für Blumenarrangement eignen. Aber auch wenn dieser Rose der lange Stiel fehlt, so macht sie sich doch sehr gut als Blumenschmuck im Haus. Werden diese Rosen mit den halbgefüllten Blüten dann geschnitten, wenn sich die Knospen gerade zu öffnen beginnen, so halten sie sich bis zu fünf, sechs Tagen in der Vase.

Noch eine andere Aufgabe erfüllt die »Blanc Double de Coubert« auf vortreffliche Weise. Sie füllt mit dem Grün ihrer charakteristischen runzligen Blätter bei veredelten Hochstammrosen die Leere zwischen Boden und Blütenkrone und verdeckt den nackten Stamm. Dank ihrer weißen Blüten findet sie sich immer in farblicher Übereinstimmung mit der darüberliegenden Rose, welche Blütenfarbe diese auch immer haben mag. Woher kommt der Name »Blanc Double de Coubert«? Der berühmte Rosenzüchter Cochet-Cochet, dem diese Rose zu verdanken ist, war in dem Ort Coubert im Departement Seine-et-Marne zu Hause. Die Bezeichnungen »blanc« und »double« weisen darauf hin, daß sich diese Rose von der Stammsorte durch die größere Anzahl an weißen Petalen unterscheidet.

A.M.Trechslin.

Baron Girod de l'Ain

»Baron Girod de l'Ain« (1897).
»Baron Girod de l'Ain« gehört zu den öfterblühenden Hybriden der
jüngeren Zeit. Sie gelangte schnell zu Ruhm und fand eine Verbrei-
tung, deren Auswirkungen bis in die heutige Zeit hinein spürbar sind.
Mit dem Ende des 19. Jahrhunderts ging auch die mehr als fünfzig-
jährige Vorherrschaft der öfterblühenden Hybriden über die für rauhes
Klima nicht geeigneten Pernettiana-, Noisette- und Teerosen zu Ende.
Mit mehr als dreitausend verschiedenen Sorten hatten sie sich in
den europäischen Gärten durchgesetzt. Die Hälfte davon ist in den
Sammlungen des prachtvollen Rosengartens Hay les Roses vertreten.
Trotz des weit zurückliegenden Ursprungs der Eltern kann der
Stammbaum der öfterblühenden Hybriden so zusammengefaßt
werden:

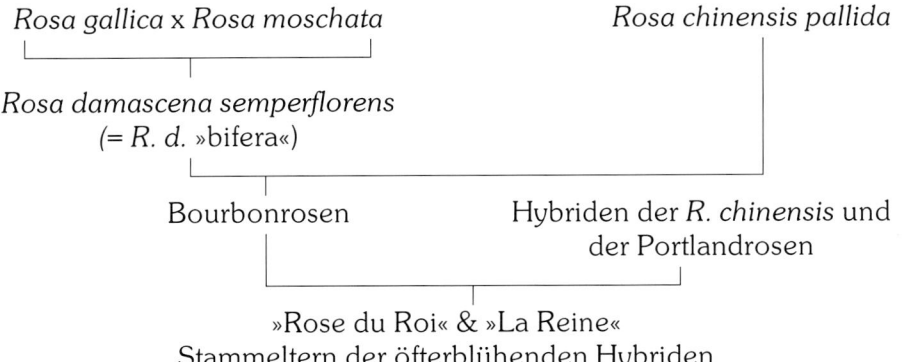

Rosa gallica x *Rosa moschata* *Rosa chinensis pallida*

Rosa damascena semperflorens
(= R. d. »bifera«*)*

Bourbonrosen Hybriden der *R. chinensis* und
der Portlandrosen

»Rose du Roi« & »La Reine«
Stammeltern der öfterblühenden Hybriden

Die Besonderheit dieser Rose liegt in ihrer Entstehung. Sie ging
nämlich nicht aus einem Sämling hervor, sondern entstand durch
Knospenmutation, eine Anomalie, die die Engländer *sport* nennen.
Will man diesen komplizierten genetischen Vorgang auf einen
einfachen Nenner bringen, so spricht man dann von einer Mutation,
wenn die Knospe einer Rose eine deutliche Abweichung von der
Ausgangssorte aufweist, sei es bei morphologischen Merkmalen
(Auftreten von Duft, Farbabweichungen, Verdoppelung der Blütenblätter, Verlust der Stacheln, anderer Wuchs) oder aber bei physio-
logischen Eigenschaften (Öfterblühen statt Einmalblühen usw.).
Wird die Abweichung als positive Ergänzung gewertet, so kann man
versuchen, sie zu »fixieren«. Man verwendet zu diesem Zweck Pflanzen
aus Knospen des gleichen Zweiges, an dem die Mutation stattgefunden
hat.
»Baron Girod de l'Ain« ist eine solche Mutation, entstanden an der
Rose »Eugène Fürst«, die gefüllte, duftende und öfterblühende Blüten
hervorbringt, denen jedoch die charakteristischen weißen Ränder von
»Baron Girod de l'Ain« fehlen. Zwar gibt es noch einige andere
Varietäten mit den gleichen interessanten Merkmalen wie z.B. »Pride
of Reigate« oder »Roger Lambelin«, aber »Baron Girod de l'Ain« ist
eindeutig die schönste Rose dieser Art.

AMTRECHSLIN.

Dorothy Perkins

»Dorothy Perkins« (1901).

Im Jahre 1908 veranstaltete die *National Rose Society* ein Referendum unter ihren Mitgliedern, um durch Ermittlung ihrer Präferenzen eine gewisse Klassifizierung der Kletterrosen vornehmen zu können. In der Gruppe der Rosen mit »büschelbildenden Blüten« stimmten 63 % der Stimmberechtigten für »Dorothy Perkins«, eine Rose aus der Klasse der *Rosa wichuriana,* die sieben Jahre zuvor von der Rosenschule Jackson & Perkins aus Newark, USA, gezüchtet worden war.

Wenn die geschmeidigen Ranken über eine Böschung herabfallen, gleichen die unzähligen gefüllten Blütenbüschel einem rosafarbenen Vorhang, beranken sie eine Laube, so erinnern sie an einen dicht-gewebten Teppich. Besonders gern verwendet man diese kletternde Sorte auch als hängende Stammrosen.

Zwar neigt sie zu Mehltau, ist duftlos und erblüht auch kein zweites Mal im Herbst, dafür ist ihre späte Blüte aber ausdauernd und reichhaltig. Sie ist leicht zu züchten, und ebenso leicht läßt sie sich durch Steck-linge vermehren. Bis in die vierziger und fünfziger Jahre hinein war sie zusammen mit ihrem rotblühenden Zwilling »Excelsa« eine der beliebtesten Kletterrosen.

Im Laufe der Zeit nahmen jedoch ihre Mängel überhand. Und als dann auch noch Züchtungen von öfterblühenden Varietäten mit duftenden Blüten gelangen, schwand ihre Popularität endgültig.

Vielleicht hatte A. H. Williams, der beste Kenner dieser Rosengruppe recht, als er im Hinblick auf ihren Niedergang meinte: »Ihre Vorzüge würden sicherlich mehr geschätzt, wenn sie nicht so leicht zu züchten wäre«.

AmTrechslin.

Belle Portugaise

»Belle Portugaise« (1903).

Es passiert nicht oft, daß eine Rose erst sechsundfünfzig Jahre nach ihrem Entstehen mit dem so angesehenen *Award of Merit* der *Royal Horticultural Society* ausgezeichnet wird. Diese späte, aber wohlverdiente Anerkennung wurde der »Belle Portugaise« am 25. Mai 1959 zuteil, nachdem sie auf Vermehrungsmaterial von G. S. Thomas, dem damaligen Direktor der Sunningdale Nurseries in Surrey, Südengland, vorgestellt worden war. Die bedeutsame Würdigung beweist, daß diese herrliche kletternde Teehybride offensichtlich auch außerhalb der üblicherweise empfohlenen Klimazonen wie der italienischen oder französischen Riviera hervorragend gedeiht. Voraussetzung hierfür ist natürlich ein günstig gelegener und vor kalten Winden geschützter Standort. In seinem Buch über die Kletterrosen führt besagter G. S. Thomas als Beweis eine »wunderschöne, kräftige alte Kletterrose« an, die die Wand eines Gebäudes der *Royal Horticultural Society* in Wisley nahe London bedeckte.

Der kräftige Wuchs dieser Rose scheint in erster Linie von der üppigen »Mutter« ererbt zu sein, einer *Rosa gigantea,* aber auch von der nicht minder üppigen Kletterrose »Reine Marie Henriette«, die den Pollen stellte. Züchter dieser Sorte ist der Franzose Henri Cayeux, der frühere Direktor der *Estufa fria,* der städtischen Gewächshäuser von Lissabon.

Rosa multiflora cathayensis

Rosa multiflora cathayensis (in Europa seit 1907).

Diese Varietät der typischen *Rosa multiflora* stammt aus China. Ihr Name bedeutet »Multiflora aus Kathai«, also dem einst von Marco Polo beschriebenen China. Sie wird der botanischen Sektion der »Synstylae« zugerechnet, den vereintgriffeligen Rosen, die sich durch vier somatische Eigenschaften unterscheiden:

a) die Blüte hat lediglich einen, den Blütenboden säulenartig überragenden Griffel

b) der Blütenstand ist durch vielblütige Doldenrispen gekennzeichnet

c) die Blüte ist verschwenderisch und duftend

d) der Wuchs ist kletternd oder strauchig.

Die erste dieser Eigenschaften, die der Gruppe auch den Namen gab (griechisch *sun* = gemeinsam, *stylos* = Griffel) bedeutet, daß die Blüten augenscheinlich nur über einen einzigen Blütenstempel verfügen. Bei genauerem Hinsehen erkennt man jedoch, daß es sich um mehrere miteinander verschmolzene Stempel handelt. Während man die restlichen drei Eigenschaften auch in anderen Sektionen findet, sind die miteinander verwachsenen Griffel eine Besonderheit, die ausschließlich in dieser Gruppe auftritt.

Der Wuchs der Rose ist so kräftig, daß sie mit entsprechenden Stützen bis zu sechs Meter Höhe erreichen kann. Wegen ihrer üppigen Blüte gegen Ende des Frühjahrs und den kleinen rundlichen Früchten in Orangerot, die ihre Zweige den ganzen Winter über schmücken, ähnelt sie der typischen *Rosa multiflora.* Im Unterschied zu dieser ist sie jedoch von augenfälligerer Schönheit, denn sie hat längere Zweige, eine erhabenere Haltung, und ihre Blüten bestehen aus fünf zartrosa Petalen. Die doldenförmigen Blütenstände sind von unvergleichlicher Harmonie und Anmut. Die einzelnen Zweige tragen fünf bis sieben Blüten und bilden im Zusammenspiel große vielblütige Büschel. Aus dem intensiven Gelb der zahlreichen Staubblätter tritt die grünliche Säule der vielen miteinander verschmolzenen Griffel hervor. Das hellgrüne Holz der Zweige harmoniert hervorragend mit dem prächtigen matten Grün der Blätter, die von fünf bis sieben oval-lanzettförmigen Blättchen gebildet werden. Ihre rauhe Oberfläche erinnert an die Blätter der Brombeersträucher, die ähnliche blaugrüne und haarige Blattunterseiten besitzen.

Sie blüht nur einmal, doch mit ihren zahlreichen Hagebutten ist sie selbst im Winter, wenn sie alle Blätter verloren hat, von atemberaubender Schönheit. Man verwendet sie deshalb besonders gerne als Blickfang und Farbtupfer, um das winterliche Grau der Gärten etwas zu beleben. Da sie von kräftigem Wuchs ist, eignet sie sich auch hervorragend für das Beranken von Pergolen oder als Hecke. Voraussetzung hierfür ist jedoch ein sorgfältiger, jährlicher Schnitt.

Diese Beschreibung ist dank der freundlichen und fachkundigen Unterstützung von Professor Gianfranco Fineschi zustande gekommen, der die vollständigste Privatsammlung über das Fachgebiet Rosen sein eigen nennt.

A.W.Drechslin.

Lady Hillingdon

»Lady Hillingdon« (1910).
Sicherlich zeugt es von großer Widerstandskraft, wenn eine Teerose in England gezüchtet wurde und dort auch im Freien gedieh. 1910 war das Jahr der »Rayon d'Or«, denn diese öfterblühende Rose mit ihren goldgelben Blättern war eine absolute Weltneuheit. Aber auch »Lady Hillingdon« hat durchaus einen Ehrenplatz verdient. Diese Rose verdanken wir der Pflanzenschule Lowe & Shawyer aus Uxbridge, einem kleinen Ort zwischen Hillingdon und London. Beide Orte sind inzwischen längst in den westlichen Randbezirken der Metropole London aufgegangen. Die Züchter widmeten diese kräftige Teerose mit den langen, eleganten Knospen und den duftenden, maisgelben und cremefarben geränderten Blüten der Frau von Lord Hillingdon, dessen Familie wichtige Positionen in Politik, Wirtschaft und Verteidigung des Landes innehatte.
Seit 1917 ist die Klettermutation von »Lady Hillingdon« im Handel, die auch heute noch wegen ihres kräftigen Wuchses, ihrer Widerstandskraft und kontinuierlichen Blüte sehr beliebt ist. Die elegante Geschmeidigkeit ihrer Stiele, ihre herrliche Farbe und ihr Duft sind weitere sehr geschätzte Vorzüge dieser Rose.
Der Liebenswürdigkeit von Lady Bridges (Englands Botschafterin in Italien), ihrem profunden Wissen und ihrer Liebe zu den Rosen verdanke ich die Informationen über Lord und Lady Hillingdon.

Albertine

»Albertine« (1921).

»Albertine« stammt von der *Rosa wichuriana* ab, einer japanischen Kletterrose mit langen geschmeidigen Ranken. Bis zum Jahre 1886 hatte man sie für eine Varietät der *Rosa luciae* gehalten, von der sie sich nur geringfügig unterscheidet. Die *Rosa luciae* war in der gemeinsamen Heimat weiter verbreitet, hatte längere und feinere Blättchen (das Endblättchen circa fünf Zentimeter) und kleinere Blüten von circa zwei Zentimeter Durchmesser. Auch in einigen anderen unbedeutenden Eigenschaften, auf die hier nicht näher eingegangen werden soll, unterscheiden sie sich.

Im täglichen Sprachgebrauch hat sich die Bezeichnung *Rosa wichuriana* durchgesetzt (nach dem deutschen Botaniker Max Wichura). Dieser Name wird auch von den neuesten Erkenntnissen bestätigt, denen zufolge die *Rosa luciae* nie in Europa vertreten war. Sieht man die *Rosa wichuriana* oder die nah verwandte *Rosa luciae* das erste Mal, so fragt man sich, wie es möglich ist, daß ihre Nachkommen sich im Aussehen so wenig ähneln. Blattwerk, Blüten, Blütezeit und Duft sind völlig anders. Hierzu zwei Beispiele: Der Unterschied zwischen »Albertine« und »Dorothy Perkins« (auch sie eine *Rosa wichuriana*) ist ebenso groß wie der zwischen »Alberic Barbier« (verwandt mit »Albertine«) und »Excelsa«. Während »Albertine« und »Alberic Barbier« sehr früh blühen und große, duftende Blüten tragen, sind »Dorothy Perkins« und »Excelsa« Spätblüher, deren kleine Blüten mit kurzen Petalen keinerlei Duft verströmen.

Die Verbreitung von »Albertine« in Frankreich und im restlichen Europa fällt mit dem großen Erfolg des Romans »A l'ombre des jeunes filles en fleur« zusammen, den Proust im Jahre 1919 geschrieben hatte. Er ist vier jungen Mädchen gewidmet, darunter auch Albertine, die in Proust ein Leben lang Zweifel, Unruhe, Ängste und Liebe hervorrufen sollte.

Sind vielleicht die duftenden, etwas zerzaust wirkenden Blätter dieser Rose und ihre zartrosa und kupferfarbene Tönung (»ein zartes Rosa versunken in einer Tasse Tee«, wie Victoria Sackville-West einmal sagte) als Sinnbild des Dichters zu verstehen für die Verwandlung der Frau in eine Rose und umgekehrt?

Rosa laevigata »Cooperi«

Rosa laevigata »Cooperi« (seit 1921 in Europa); Syn.: *Rosa cooperi.*
Seit fünfundsechzig Jahren ist diese Rose in unseren Gärten
beheimatet, und in dieser Zeit wurden ihr die unterschiedlichsten
Namen gegeben. Auch die hier genannten Bezeichnungen wurden
von einigen Botanikern nur unter Vorbehalt akzeptiert. Gegen den
Namen *Rosa laevigata* wandte man ein, daß es sich bei dieser Rose
um eine Naturhybride von *Rosa gigantea* x *Rosa laevigata* handele,
also um das Ergebnis einer natürlichen Bestäubung durch Wind oder
Insekten und nicht um eine Varietät der *Rosa laevigata.* Die
Bezeichnung »Cooperi« wiederum wurde kritisiert, da alle Beweise für
ihre Zugehörigkeit zu einer botanischen Spezies fehlen. Viele Fach-
leute vertreten die Theorie, daß sie der *Rosa gigantea* zuzuordnen sei.
Abgesehen von dieser Kontroverse gilt es als gesichert, daß Roland
Cooper, der Direktor des Botanischen Gartens Maymyo in Shan Hills,
Birma, einige Samen dieser damals nicht näher bezeichneten Rose
1921 nach Irland geschickt hatte.
Ihre genaue Einordnung mag umstritten sein, unumstritten jedoch sind
ihre Wuchsstärke, der Glanz ihrer Blätter (manchmal aus drei Blättchen
geformt wie bei der *Rosa laevigata)* und die prachtvollen großen
Blüten mit fünf schneeweißen, duftenden Petalen.
Sie blüht nur einmal im Jahr, dafür aber sehr ausdauernd, und scheut
langanhaltende Fröste. Diese beiden Schönheitsfehler tun jedoch ihrer
großen Beliebtheit unter optimalen Bedingungen kaum Abbruch.

Penelope

»Penelope« (1924).

Die Bewertung einer Rose erfolgt bei den Engländern nicht nur nach Wuchskraft, Blüte, Blühfreudigkeit, Duft und Widerstandskraft gegen Krankheiten, sondern auch nach ihrer mehr oder weniger reichen Produktion von »Früchten«. Es handelt sich hierbei allerdings nur um Scheinfrüchte, da sich die wirklichen Früchte der Rosen, die sogenannten Achänen (Schließfrüchte) im Innern des Blütenbodens befinden und häufig für Samen gehalten werden. »Penelope« gehört zu den Rosen, die nicht nur die traditionellen Prüfungen glänzend bestehen, sie überwindet auch die letzte Hürde elegant, denn sie trägt reichlich Früchte. Im Gegensatz zu den üblicherweise roten Hagebutten der anderen Rosen sind die Früchte von »Penelope« rosa Kugeln mit weißen und pastellgrünen Flecken, die nach und nach ebenfalls den herrlichen rosa Farbton annehmen. Doch das schönste an dieser Rose ist ihre Blüte. Nach ihrer ersten üppigen und langandauernden Blütezeit entfernt man die verwelkten Petalen und fördert so das Nachblühen. Der nachfolgende Flor fällt dann bescheidener aus. Läßt man aber die Blüten auf der Rose verwelken, kommt man später auch noch in den Genuß der dekorativen Hagebutten.

Reverend Joseph Pemberton ist der Züchter dieser Strauchrose mit duftenden, kleinen, halbgefüllten Blüten, die sich besonders gut als freistehende Hecke eignet. Dieser Kirchenmann war nicht nur ein begeisterter und sachverständiger Rosenzüchter, sondern auch der Verfasser eines in Fachkreisen sehr geschätzten Handbuches. Sein Hauptinteresse galt der *Rosa moschata*. Ausführliche Informationen über die Züchtungen von Reverend Pemberton sind der Beschreibung von »Buff Beauty« zu entnehmen.

Rose-Marie Viaud

»Rose-Marie Viaud« (1924).

In seiner bekannt humorvollen Art kommentiert John Harkness in dem Buch »Roses«, einer Fundgrube an fachlichen Informationen und Ratschlägen, die »blauen Rosen« mit dem denkwürdigen Satz: »Bis heute sind die sogenannten blauen Rosen lediglich mißlungene rote (oder rosa) Rosen.«

»Rose-Marie Viaud« ist eine dieser Rosen. Ihre gefüllten, in dichten Büscheln zusammenstehenden Blüten, die zu Beginn des Sommers die langen Ranken bedecken, färben sich erst veilchenblau, dann rosa und zuletzt lila.

In den Jahren kurz vor dem Entstehen von »Rose-Marie Viaud« hatte es bereits eine große Anzahl an Kletterrosen mit biegsamen Zweigen gegeben, die die Engländer »ramblers« nannten. In den meisten Fällen stammten sie von Varietäten der *Rosa multiflora* ab, darunter auch die umstrittene »Veilchenblau« = »Bleu Violet« = »Violet Blue«. Das nebenstehende Aquarell zeigt die aus dem Samen von »Veilchenblau« entstandene Varietät »Rose-Marie Viaud«. Bestäuber waren vermutlich der Wind oder Bienen. Sie kann praktisch als deren »verbesserte Neuauflage« angesehen werden, denn die Farbe ihrer Blüten ist leuchtender und konstanter, und die noch zahlreicheren Petalen bilden eine hübsche Rosette. Bedauerlicherweise duftet sie so gut wie überhaupt nicht. Beide Rosen, »Veilchenblau« und »Rose-Marie Viaud«, zeichnen sich durch das fast völlige Fehlen von Stacheln aus.

Dainty Bess

»Dainty Bess« (1925).

Fünf große, duftende Petalen von zartem Rosa, in ihrer Mitte ein
Büschel Staubfäden in kräftigem Rot – das ist in wenigen Worten die
Beschreibung von »Dainty Bess«. Die natürliche Schönheit und Frische
des Mädchens Bettina (= Dainty Bess) müssen den Züchter Archer
wohl sehr stark beeindruckt haben, denn er widmete ihr nicht nur
seine schönste Rosensorte, sondern er hielt auch – fast wie im
Märchen – um ihre Hand an.

Ungeachtet ihres Äußeren muß diese Rose, die aus der Kreuzung
zweier Teehybriden entstanden ist, auch dieser Gruppe zugeordnet
werden. Die fünf Petalen ihres Blütenkelches stehen ebensowenig im
Widerspruch zu einer derartigen Klassifizierung wie ihre häufig
mehrblütigen Zweige, zumal heutzutage viele der sogenannten Teehybriden bereits im ersten Flor Blütenbüschel aufweisen. Dem Hobbyzüchter W. E. B. Archer, der erst später zum professionellen Züchter
wurde, gelang es, die Zurückhaltung und mangelnde Begeisterung
gegenüber den fünfblättrigen Teehybriden zu überwinden. Zwischen
1920 und 1940 widmete er sich in Sellindge in Kent der Züchtung und
Verbreitung dieser Rosen und wurde dabei tatkräftig von seiner
Tochter unterstützt. Neben der beliebten »Dainty Bess« gelangen ihm
noch verschiedene andere Züchtungen von Bedeutung. Im Jahre 1927
gewann er mit »Daily Mail Scented Rose« nicht nur den von der
bekannten Tageszeitung ausgesetzten Preis, sondern auch die
Goldmedaille der *National Rose Society*. 1936 folgte eine weitere
»Teehybride mit einfachen Blättern«, die er Ellen Willmott widmete,
der Autorin des hervorragenden Buches »The Genus Rosa«. Bereits
vor ihrer Kommerzialisierung gewann »Dainty Bess« bei zwei Wettbewerben bedeutende Preise: die Goldmedaille der *National Rose
Society* bei der Sommerschau für Schnittrosen und nach erfolgreichem
Aufenthalt in den Prüfungsgärten von Wisley Garden den *Award of
Merit* der *Royal Horticultural Society*.

Im Jahre 1926, also ein Jahr nach ihrem inoffiziellen Auftritt bei den
genannten Wettbewerben, kam »Dainty Bess« auch offiziell in den
Handel. Trotz einer Konkurrenz von zweitausendfünfhundert ver-
schiedenen Sorten erhielt »Dainty Bess« von der *American Rose
Society* als einzige die Note 8.5/10; und das sechzig Jahre nach ihrem
Entstehen.

Lady Sylvia

»Lady Sylvia« (1926).
Prof. S. G. Saakov, ein Wissenschaftler, der die Neigung einiger Rosen
zu Mutationen (*sports* für die Engländer) erforschte, wies diese stark
ausgeprägte Anlage bei der Sorte »Ophelia« nach und entdeckte bei
der Gelegenheit, daß auch bei den durch Mutation entstandenen
Sorten diese Fähigkeit bestehen bleibt. Behalten diese Rosen auch
nach dem Ablauf einer bestimmten Frist ihr Aussehen bei, so bezeichnet man die Mutation als »fixiert« und kann sie nun als eine eigen-
ständige Sorte züchten.
Bei Rosen sind folgende durch Mutation entstandene Änderungen am
häufigsten anzutreffen: der Habitus ändert sich von strauchig zu
kletternd, die Farbe der Petalen ändert sich entweder ganz oder weist
Streifen auf, einmalblühende Rosen werden zu öfterblühenden. Läßt
man alle Details beiseite, die nicht in direktem Zusammenhang mit
»Lady Sylvia« stehen, so erkennt man die Verbindung der drei
aufeinander folgenden Mutationen, die bei der Stammutter »Ophelia«
beginnen und bei der Kletterrose »Cl. Lady Sylvia« enden.

> »Ophelia« (1912)
> ↓
> »Mme Butterfly« (1918)
> ↓
> »Lady Sylvia« (1926)
> ↓
> »Cl. Lady Sylvia« (1933)

Jahrzehntelang waren »Ophelia«, »Mme Butterfly« und »Lady Sylvia«
die Favoriten unter den Schnittrosen. Diese Beliebtheit verdankten sie
ihrer eleganten Form und dem zarten Rosa der Blüten, das bei »Mme
Butterfly« noch kräftiger und am allerschönsten bei »Lady Sylvia«
ausfällt. Zur damaligen Zeit, also um 1930 herum, galt ihre Farbe als
das schönste Rosa, das je bei einer Teehybride erzielt worden war.

Rose des Maures

»Rose des Maures«; Syn.: »Sissinghurst Castle«.
Im Jahre 1930 erwarb die Schriftstellerin und Hobbygärtnerin Victoria
Sackville-West zusammen mit ihrem Ehemann Sir Harold Nicholson
in der Grafschaft Kent das historische Schloß Sissinghurst und auch
das umliegende Land. Schloß und Garten waren völlig verwahrlost,
weshalb das Ehepaar beschloß, seinen Besitz wieder herzustellen.
Beide verfügten über Fähigkeiten und Begabungen, die ihnen bei
dieser gewaltigen Aufgabe von großem Nutzen waren. Victoria Sackville-West war eine äußerst erfahrene Gärtnerin mit recht unkonventio-
nellen Anschauungen, während das Talent ihres Mannes in sparsamen
und dennoch zweckmäßigen Renovierungen lag. Aus der Veröffent-
lichung »Sissinghurst Castle, a National Trust Property« wissen wir, daß
Victoria Sackville-West im Frühsommer des Jahres 1930 zwischen den
Brombeerbüschen des ehemaligen Obstgartens die bis dahin unbekannte Varietät einer der ältesten Rosen, der *Rosa gallica,* entdeckte.
Die Bezeichnung *Rosa gallica* wurde übrigens erst von Linné eingeführt, davor war sie unter dem Namen *Rosa rubra* bekannt. Die
Besonderheit dieses fast unbewehrten Rosenstrauches liegt in den
unterirdischen Ausläufern seines Wurzelwerkes und in seinem
kräftigen Wuchs bis zu einer Höhe von einem Meter. Gegen Ende des
Frühjahrs trägt er duftende Blüten in der für die *Rosa gallica* typischen
violettroten Farbe.
Bleibt noch das Geheimnis der beiden Namen dieser Rose.
»Sissinghurst Castle« bedarf keiner weiteren Erklärung. Der Name
»Rose des Maures« hingegen hängt vermutlich mit dem uralten
Glauben zusammen, daß ungewöhnlich dunkle Rosen in Nordafrika
beheimatet sind.

Betty Prior

»Betty Prior« (1932).
Der Däne Svend Poulsen, Züchter dieser Rose, entwickelte als einer
der ersten die bedeutende Gruppe der Floribundarosen, die aus der
Kreuzung der Polyantharose »Orléans Rose« mit der Teehybride »Red
Star« (= »Opa Pötschke«) entstand. Die ersten Rosen dieser Gruppe
hießen »Else Poulsen« und »Kirsten Poulsen«. Beide zeichneten sich
nicht nur durch die für Polyantharosen typischen Eigenschaften wie
Winterhärte und große Blühfreudigkeit aus, sondern auch noch durch
ihren kräftigen Wuchs. Dies bedeutete eine ganz wichtige neue Eigenschaft, denn im Vergleich zu ihnen waren ihre Vorgängerinnen
ausgesprochene »Zwerge«. Als weitere Neuerung galten die mehrblütigen Zweige mit größeren Blüten und Petalen. Dies war die
Geburtsstunde der Polyanthahybriden.
Bereits zehn Jahre davor hatte der Vater von Svend Poulsen eine
ähnliche Kreuzung versucht. Sein bestes Züchtungsergebnis
»Rödhätte« brachte allerdings lange Zeit nur unfruchtbaren Samen
hervor und hatte wenig Nachkommenschaft. Das gleiche Schicksal
ereilte später auch »Else Poulsen« und »Kirsten Poulsen«, wenn auch
nicht in dieser Tragweite. Die englischen Züchter erkannten sehr
schnell die Bedeutung der neuen Klasse. Die Rosenschule Donald
Prior & Son aus Colchester in Essex züchtete unter Verwendung des
Pollens von »Else Poulsen« die Sorte »Betty Prior«, die 1932 mit dem
First Class Ground Certificate ausgezeichnet wurde. Im Rosenjahrbuch
von 1933 wird sie wie folgt beschrieben: »...reichlicher blühend als
»Else Poulsen«, nicht anfällig für Mehltau und regenunempfindlich«.
Ein ganzseitiges Farbphoto, aufgenommen am 6. November 1932,
zeigt die Rose noch in voller Blütenpracht. Das *Handbook for Selecting
Roses* der *American Rose Society* stufte sie in den achtziger Jahren mit
einem Mittelwert von 8.5/10 ein.

AmTrechslin.

Signora Piero Puricelli

»Signora Piero Puricelli« (1935); Syn.: »Signora«.
Mitte der dreißiger Jahre beteiligte sich auch Italien an dem immer
heftiger werdenden Wettstreit europäischer Züchter um neue Rosen-
sorten. In Deutschland partizipierten so bekannte Namen wie
Lambert, Kordes, Tantau, in Luxemburg Ketten, in Belgien Lens, in
Holland Buisman, de Ruiter, Leender, Verschuren, in Dänemark
Poulsen, in England Cant, Dickson, McGredy, in Frankreich Guillot,
Mallerin, Gaujard und viele andere erfahrene und renommierte
Züchter. Trotz dieser Konkurrenz gelang es dem Italiener Aiardi aus
San Remo, sich in den Jahren vor dem 2. Weltkrieg in Europa und in
den USA mit seinen Rosenzüchtungen durchzusetzen. »Saturna«
erhielt die Goldmedaille bei den internationalen Wettbewerben in
Rom und Portland, USA. Weitere sehr bekannte Züchtungen waren
»Gloria di Roma«, »Eterna Giovinezza« und die vielleicht am meisten
bewunderte »Signora Piero Puricelli«, im Ausland auch nur unter
»Signora« bekannt, die 1937 ebenfalls eine Goldmedaille beim Wettbewerb von Portland errang.
Nachstehend die einer italienischen Zeitschrift entnommene zeit-
genössische Beschreibung: »Die Blüte ist sehr groß und kelchförmig,
stark gefüllt und duftend. Ihre Farbe ist eine prachtvolle Verbindung
von Feuerrot, Orange und Lachsrosa. Sie hat einen kräftigen Wuchs
und kann über einen Meter hoch werden. Die Zweige sind etwas starr
und tragen den ganzen Sommer über bis hin zu den ersten Frösten
üppige Blüten. Sie scheut die Kälte unserer Breitengrade nicht, ist aber
als Bäumchen ungeeignet.«
Der Name Piero Puricelli war für die Italiener ein Begriff. Der Ingenieur
war vor dem 2. Weltkrieg Präsident einer sehr bekannten, auf
Straßenbau in Europa und Afrika spezialisierten Firma. In Anbetracht
seiner Verdienste widmete man die neue Rose seiner Frau. Die
Formulierung »Signora Piero Puricelli« ist für italienische Verhältnisse
zwar ungewöhnlich, wurde aber deshalb gewählt, da man eine große
Verbreitung der Rose im englischen und französischen Sprachraum
voraussah.
Die Varietät »Anne Marie Trechslin«, die Meilland 1968 züchtete, weist
große Ähnlichkeiten mit der seinerzeit so erfolgreichen »Signora« auf,
wobei Formschönheit, Duft und das Zusammenspiel der Farben
besonders hervorzuheben sind.

Mozart

»Mozart« (1937).

Zahlreiche erfolgreiche Rosenzüchter des letzten Jahrhunderts waren englische Pastoren wie z. B. S. Reynold Hole und A. Foster-Melliar. Eine Sonderstellung nimmt Reverend Joseph Pemberton ein, der von 1911 bis 1912 der Präsident der *National Rose Society* war und sich als Züchter der *Rosa moschata*-Hybriden einen Namen machte. Nach dem Tode Pembertons führte J. A. Bentall dessen Arbeit erfolgreich weiter. Ihm verdanken wir die Sorte »Ballerina«, die in England zur gleichen Zeit entstand, als dem deutschen Rosenzüchter Lambert aus Trier die Züchtung von »Mozart« gelang, die als Zwillingsschwester von »Ballerina« angesehen werden kann. Neben der Geburtsstunde ist ihnen auch Habitus, Aussehen und Farbe der dichten Blütenstände gemeinsam.

Vermutlich haben beide diese Ähnlichkeiten von »Robin Hood« geerbt, einem Sprößling der *Rosa moschata*. Sowohl »Ballerina« als auch »Mozart« sind die Prototypen einer Klasse von gesunden, kräftigen, üppig- und öfterblühenden Rosen mit vielen dicht zusammenstehenden kleinen Blüten, deren besonderes Merkmal ihr weißes Inneres und die lebhaft gefärbten Ränder sind.

Buff Beauty

»Buff Beauty« (1939?).
Die Bezeichnung *Rosa moschata*-Hybriden, zu denen »Buff Beauty« gehört, wird von vielen Autoren für falsch gehalten, da die Existenz der botanischen Spezies im Stammbaum sehr weit zurückliegt. Gemäß diesem Stammbaum sind am Entstehen der Rosengruppe die *Rosa chinensis, Rosa multiflora* und die Teehybriden beteiligt. Die zahlreichen Hybriden weisen erstaunliche Ähnlichkeiten auf, wenn man bedenkt, wie lange die Mitwirkung der *Rosa moschata* zurückliegt.
Über die Herkunft der *Rosa moschata* selbst weiß man sehr wenig. Vermutlich stammt sie aus Südeuropa, Indien und Nordafrika. Charakteristisch ist für sie die Blütezeit von Spätsommer bis Herbst und ihr eigentümlicher Duft, den nicht die Petalen, sondern Staubblätter und Antheren verströmen. Er erinnert an Moschus, ein Drüsensekret des indischen Moschustiers *Moschus moschiferus,* das bei der Parfumherstellung als Essenz und Fixiermittel verwendet wird.
Die Urheberschaft an diesen Moschatahybriden wird dem begeisterten Rosenzüchter Reverend Pemberton (1852–1926) zugeschrieben, allerdings hatte er die ersten Sorten, die er bei einer Ausstellung vorführte, noch als Teehybriden klassifiziert. Die Gleichartigkeit der Pemberton-Rosen liegt im Duft, den Pastelltönen der Blüten, der zierlichen, unkomplizierten Form und dem strauchigen, aber nicht starren Habitus der Pflanzen. Auch heute noch sind sie mit Sorten wie »Penelope« (1924), »Cornelia« (1925), »Felicia« (1928) und »Buff Beauty« (1939?) in unseren Gärten vertreten. »Buff Beauty« bekam ihren Namen wegen des gelblich-orangen Farbtons ihrer Petalen, der an schönes Naturleder erinnert (buff = lederfarben).
Nach dem Tode Pembertons führte dessen Schwester drei Jahre lang mit Unterstützung des Gärtners J. A. Bentall die Arbeit fort, danach kümmerte sich Bentall allein um Zucht und Verbreitung der Rosen. »Buff Beauty«, dieser dichte, große Rosenstrauch, dessen duftende Blüten uns bis in den Spätherbst erfreuen, besitzt keine richtige Geburtsurkunde, da sowohl die Eltern als auch Abstammung und Einführungsjahr nicht bekannt sind.
Das geistige Erbe Pembertons, also die Fortführung der Zucht von Moschatahybriden, scheint der Belgier Louis Lens übernommen zu haben. Ihm gelang es 1984 mit Hilfe von »Robin Hood«, einer 1927 von Pemberton gezüchteten Sorte, einige interessante Strauchrosen zu schaffen, deren Besonderheit die zahlreichen kleinen Blüten sind. Sie tragen die Namen großer Musiker wie Puccini, Schubert, Sibelius, Verdi und Vivaldi.

Gloria Dei

»Gloria Dei« (1942); Syn.: »Mme Meilland« (ursprüngliche Bezeich-
nung), »Peace« (= Friede, angelsächsische Länder), »Gioia« (= Freude,
Italien).
Zwei überschwengliche Bezeichnungen »Schönste Rose der Welt« und
»Lieblingsrose der Welt« zeugen vom Enthusiasmus, den diese Sorte
bei ihrem Erscheinen hervorrief. Bei einem Besuch der Rosenschule
von Meilland in Antibes soll der Herzog von Windsor die Formulierung
»Schönste Rose der Welt« benutzt haben, ebenso Robert Pyle, Inhaber
der Conrad Pyle Co. Von ihm stammt der in den angelsächsischen
Ländern gebräuchliche Name »Peace«, und auch die ausgefallene
Werbekampagne zur Einführung dieser Sorte war seine Idee. Als die
neunundvierzig Delegierten der Vereinten Nationen das Ende des
2. Weltkrieges mit einer Feier begingen, fand jeder von ihnen in
seinem Hotelzimmer eine dieser Rosen vor.
Der Weltverband der Rosenzüchter verlieh ihr offiziell die Bezeichnung
»Lieblingsrose der Welt«. Heute führt »Gloria Dei« die kurze Liste der
Sorten an, die bis zum Jahre 1986 in zweijährigen Abständen diese
Auszeichnung erhalten haben. Es folgen »Queen Elizabeth«,
»Duftwolke« (= »Fragrant Cloud«), »Schneewittchen« (= »Iceberg«) und
»Double Delight«.
Das glückliche Zusammentreffen verschiedener Eigenschaften hat zum
Ruhm von »Gloria Dei« beigetragen: das ledrige und glänzende
Blattwerk, der kräftige und ausgewogene Wuchs und natürlich, allem
voran, die Blütenpracht. Einem knospenden Versprechen gleich
entfalten die kelchförmigen Blüten langsam ihre vierzig fleischigen
Petalen und erreichen kurz vor dem Verblühen den Höhepunkt ihrer
üppigen Schönheit.
Das Entstehen dieser außergewöhnlichen Rose, ihr Ursprung, ihre
Einführung in Frankreich und anderen Ländern mitten im Krieg ist
mit wahren Begebenheiten und Legenden verbunden, die zu einer
noch größeren Faszination dieser Jahrhundertrose beitragen.

Queen Elizabeth

»Queen Elizabeth« (1954).

Seit ihrem ersten Auftreten stand diese Rose immer wieder im Mittelpunkt des Interesses. Sie hatte den für Floribundarosen typischen Habitus und auch deren mehrblütige Stiele, aber in gewisser Weise vermittelte sie das Gefühl, als sähe man Blüten und Zweige durch ein Vergrößerungsglas. Die Amerikaner waren gegen eine Einordnung unter die Floribundarosen und schufen die völlig neue Kategorie der Grandiflora. In Europa ist diese Klassifizierung kaum gebräuchlich, und man rechnet die amerikanischen Grandiflora weiterhin zu den Floribundarosen.

Königin Elizabeth II. hatte gerade erst seit einigen Monaten den Thron bestiegen, als man sie um Erlaubnis bat, dieser Rose den königlichen Namen zu geben. Sie willigte ein, und so begann die Rose mit dem anspruchsvollen Namen ihre erfolgreiche Laufbahn. Bereits 1955 siegte sie bei der *All America Rose Selection,* dann gewann sie die Goldmedaille der *American Rose Society,* die *President International Trophy* der *Royal National Rose Society,* die offizielle Ernennung zur »Lieblingsrose der Welt« sowie später noch viele andere Anerkennungen bei europäischen Wettbewerben.

Bereits drei bis vier Jahre nach ihrer Pflanzung ist sie mannshoch. Als üppigblühende Einzelpflanze ist sie ebenso geeignet wie als blütenübersäte Hecke. Die Blütenzweige werden auch gerne für elegante Blumenarrangements verwendet. Neben vielen anderen Qualitäten ist ihr leichter, angenehmer Duft besonders erwähnenswert. So ist denn »Queen Elizabeth« eine »Rose, die nie enttäuscht«. Die Rangliste der *American Rose Society* räumte ihr 1986 den ersten Platz unter den Grandiflora ein und bewertete sie mit der sehr hohen Punktzahl 9.1/10.

Golden Wings

»Golden Wings« (1956).
Ihre goldfarbenen und duftenden fünf Petalen erinnern an die Flügel
eines Vogels und bilden eine Blüte von zwölf Zentimeter Durchmesser. Bevor sie nach Europa kam, hatte sie bereits in ihrer Heimat
USA das berühmte *Gold Certificate* der *American Rose Society*
erhalten. 1965 folgte dann auf dem alten Kontinent eine weitere
begehrte Auszeichnung, der *Award of Merit* der *Royal Horticultural
Society* Englands, eine zusätzliche Bestätigung ihrer vielen Vorzüge,
die sie bereits während der zehn Jahre dauernden, sehr schwierigen,
aber erfolgreich bestandenen Prüfungen in amerikanischen Gärten
unter Beweis gestellt hatte.
Als die ersten Rosen dieser Sorte in Italien im Handel erhältlich waren,
besorgte ich mir sofort ein Exemplar und gab ihr einen Ehrenplatz
bei meinen Lieblingsrosen. Nun weiß man ja, daß ein Gärtner nur in
der Nähe seiner Pflanzen wirklich glücklich ist, wobei die Bewunderung Dritter dieses Glücksgefühl natürlich noch steigert. Eines Tages
wollte eine Dame, nach eigenen Worten selbst eine große Blumenfreundin, meinen Garten besichtigen. Ich begleitete sie natürlich gerne,
und wir blieben sofort vor »Golden Wings« stehen, die gerade in voller
Blüte stand. Ich wartete schweigend auf das Urteil meiner Besucherin,
die schließlich sagte: »Ich hatte nicht erwartet, in Ihrem Garten auch
wilde Rosen zu finden«. Offensichtlich hielt die große Blumenfreundin
alle Rosen mit fünf Petalen für wild.
»Golden Wings« ist eine Strauchrose, die mannshoch wird und von
Mai bis November blüht. Sie ist nicht frostempfindlich, scheut aber die
trockene Wärme. Bei der bekannten amerikanischen Prüfung mit dem
Namen *Proof of the Pudding* erhielt »Golden Wings« eine Bewertung
nahe der Note 9/10 und später im Klassement der *Royal National Rose
Society* Englands den ersten Platz in der Gruppe der öfterblühenden
Strauchrosen.
Roy E. Shepherd, Rosenforscher und Autor einer 1954 erschienenen
und heute noch geschätzten Rosengeschichte, ist der Züchter von
»Golden Wings«. In seinem Garten in Medina, Ohio, hat er fast alle
noch existierenden Wildsorten und viele andere alte und neue Rosen
gesammelt.

Centenaire de Lourdes

»Centenaire de Lourdes« (1958); Syn.: »Mrs. Jones«.

Der hundertste Jahrestag der Erscheinung der Jungfrau Maria in der Grotte von Lourdes und die vielen Wunder der Folgezeit, die bis heute die Gläubigen der ganzen Welt bewegen und die Zweifel der Ungläubigen schüren, blieb auch auf dem Gebiet der Rosenzucht nicht ohne Beachtung. Man widmete dem Ereignis eine Rose, die diesem anspruchsvollen Namen gerecht wird. Sie zeichnet sich durch natürliche Einfachheit, kräftigen Habitus, Widerstandskraft gegen Krankheiten und reiche, lang anhaltende Blütezeit aus, und ihre leuchtend rosafarbenen, halbgefüllten Blüten machen ihrem Namen alle Ehre.

»Centenaire de Lourdes« war die erste bedeutende Sorte, die von der bekannten Rosenzucht Georges Delbard vorgestellt wurde, nachdem man dort André Chabert als Rosenzüchter eingestellt hatte. Auch heute, dreißig Jahre später, gehört diese Rose noch immer zu den beliebtesten »Rosen mit mehrblütigen Stielen« (= Cluster Flowered), gemäß der von der *Royal National Rose Society* vorgeschlagenen Formulierung, die den bis dahin verwendeten Namen »floribunda« ersetzen sollte.

Pascali

»Pascali« (1963).

Louis Lens sen., Großvater des heutigen Besitzers dieser belgischen
Rosenzucht, kaufte im Jahre 1873 in Wavre Notre Dame bei Malines
in Belgien zwölf Hektar Land, auf dem er seine Rosenschule gründete,
die auch heute noch den Großteil der gesamten Produktion bestreitet.
Bereits seit den zwanziger Jahren widmet man sich dort der Zucht
neuer Rosensorten (eine der ersten war »Ville de Malines«, gefolgt von
»Mme Louis Lens«) und den Mutationen von bereits anerkannten
Rosen (»Cl. Roselandia«, »Cl. Gloria Mundi«, »Cl. Mme Louis Lens«,
»Golden Sam McGredy«, »Golden Vandal«, »Golden Van Rossem« etc.).
Im Jahre 1956 übernahm dann Louis Lens die Firma, womit die
Rosenzucht nun in den Händen eines erfahrenen Rosenliebhabers und
Rosenforschers lag. Dafür sprechen Züchtungen wie
– eine Mittelklasse zwischen Miniaturrosen und -sträuchern mit mehrblütigen Zweigen (= »mini-floribunda«).
– eine Gruppe von Strauchrosen, von denen jede besondere Eigen-
schaften aufweist (»Springtime« mit einer außergewöhnlich früh-
zeitigen Blüte und »Pleine de Grace« mit langen Zweigen, die von
unten bis oben mit Blüten bedeckt sind).
– Varietäten der *Rosa moschata,* die die Namen großer Komponisten
tragen (»Puccini«, »Schubert«, »Verdi« etc.) und schließlich bodendeckende Rosen (»White Spray«, »Tapis volant«), die den neuen
Anforderungen an einen großen Garten – nämlich nicht zu aufwendige
Pflege – gerecht werden.
Trotz allem ist »Pascali« die Lieblingsrose von Louis Lens, und er
bezeichnet sie selbst als »die schönste weiße Rose mit der weltweit
größten Anerkennung«. Jede weitere Ergänzung ist eigentlich überflüssig, trotzdem soll die ganz unparteiische Meinung von Ena Harkness
nicht unerwähnt bleiben, die diese bei einem 1972 von der *Royal
National Rose Society* organisierten Referendum zum Ausdruck
brachte: »Gibt es Rosen mit reinweißen Blütenblättern? Ich persönlich
finde ›Pascali‹ ganz exquisit, von großer Formschönheit und reich an
Blütenblättern. Als Schnittrose ist sie weitaus haltbarer als alle anderen
weißen Rosen, die ich kenne.«

Papa Meilland

»Papa Meilland« (1963).
Woher kommt die Faszination, die die sogenannten schwarzen Rosen auf die Rosenliebhaber ausüben? Sicherlich wird man bei einer oberflächlichen Umfrage die unterschiedlichsten Begründungen hören, wahrscheinlich ist es aber vor allem der unausgesprochene Wunsch, diese perfekte, nicht greifbare Schönheit, die die eigentlich nicht existierende schwarze Rose verkörpert, zu besitzen.
Die erste »schwarze« Rose mit Namen »Château du Clos Vougeot« wurde vor hundert Jahren vom »Magier von Lyon« Joseph Pernet-Ducher gezüchtet. Der sehr gewissenhafte französische Chronist Henry Fuchs beschreibt die Farbe dieser Rose als »feuerrot mit samtig violettem, fast schwarzem Belag«; der amerikanische Chronist McFarland drückt sich so aus: »Die Blüten weisen die dunkelsten Rottöne mit starken, ans Schwarz grenzenden Schattierungen auf.«
Der Duft dieser violettroten, fast schwarzen Rosen ist ausgesprochen intensiv, unterliegt jedoch Schwankungen, die von den klimatischen Verhältnissen abhängig sind.
Zu den Vorgängern von »Papa Meilland« gehören »Étoile de Holland«, »Crimson Glory«, »Josephine Bruce«, »Charles Mallerin« und »Chrysler Imperial«, die einen ausgezeichneten Eindruck hinterlassen haben und deren zahlreiche Vorzüge und geringe Mängel noch in bester Erinnerung sind. Besonders erwähnenswerte Qualitäten von »Papa Meilland« sind die herrlichen Blüten und der intensive Duft, nachteilig wirken sich die geringe Blühleistung und die mangelnde Eignung für kalte und wenig sonnige Standorte aus.
Die Rose ist dem Begründer der Meilland-Rosenzucht gewidmet, dem Vater von Francis Meilland und Großvater von Alain Meilland, die beide das Erbe gewissenhaft verwalteten und den Betrieb erfolgreich weiterführten.

Louksor

»Louksor« (Louqsor) (1966).

In seinem umfangreichen autobiographischen Buch »Jardinier du Monde« beschreibt Georges Delbard u. a., welch großen Anteil am eigenen Erfolg auch seine qualifizierten und eifrigen Mitarbeiter hatten. Ursprünglich erwarb sich Delbard seinen Ruf durch seine Baumschule, die auf Obstbäume spezialisiert war. Dementsprechend fachorientiert waren auch die Mitarbeiter der ersten Zeit. Die Entwicklung des Marktes und der unternehmerische Instinkt Delbards gaben den Ausschlag für eine Begegnung mit Joseph Chabert, einem begeisterten Hobbyzüchter, und veranlaßten ihn, sich ganz auf die Rosenzucht zu verlegen. Chabert sollte ihn dabei unterstützen. Er schlug ihm und dessen Sohn André die Mitarbeit in seinem Betrieb vor. Die beiden willigten ein, allerdings starb Joseph Chabert bereits einige Monate später.

So übernahm André, der das Handwerk der Rosenzucht von der Pike auf bei seinem Vater gelernt hatte, allein das neue Aufgabengebiet und brachte bei dieser Gelegenheit einige noch unbekannte Rosen mit in die Firma ein.

Eine dieser Rosensorten, »Dr. Albert Schweitzer«, lieferte dann den Pollen, aus dem »Louksor« hervorging. Die Vorzüge dieser Rose sind nicht auffällig, aber sie ist kräftig und zuverlässig. Sehr beeindruckend ist ihr Aussehen: dreißig duftende, zart aprikosenfarbene Petalen, gelb und rosa überhaucht und mit einer leuchtenden Goldschattierung im unteren Teil. Sie gehört aus diesem Grund zu den wenigen auserwählten »roses qui font les beaux bouquets«.

Zwanzig Jahre lang, von 1966 bis 1986, war diese Rose im Katalog von Delbard an erster Stelle zu finden, eine ungewöhnliche Auszeichnung, denn nur sehr wenige Rosen erfreuen sich so lange Zeit der allgemeinen Gunst.

Baronne Edmond de Rothschild

»Baronne Edmond de Rothschild« (1967).
Am 23. 6. 1967 fanden in Genf verschiedene Veranstaltungen zu Ehren
der Rose statt. Man beging den 20. Jahrestag des internationalen
Rosenwettbewerbs und hatte aus diesem Anlaß eine Reihe von
Konferenzen mit hochkarätiger internationaler Beteiligung einberufen.
Nadine, die faszinierende junge Frau von Edmond de Rothschild, gab
zum Abschluß der Feierlichkeiten im Schloß Prégny einen Empfang.
Die Gäste waren tief beeindruckt von der herrlichen Kulisse und der
fast unwirklichen Atmosphäre des prächtigen Gartens. Vor dem Hinter-
grund der Alpen lag der tiefblaue Spiegel des Sees in seiner ganzen
Größe und schien fast die Blumenrabatten und den Rasen des Parks zu
berühren. Man lauschte dem Vortrag eines Textes aus »Der kleine Prinz«
von Saint-Exupéry und dann Dichtungen von Rilke, Shakespeare,
Brecht und Ronsard, die alle die Rose zum Thema hatten.
Am Ende der Lesung übergab Madame Louisette Meilland der Gast-
geberin einen wundervollen Strauß großer und herrlich duftender
Rosen in silberroter Tönung, die bis dahin unbekannt waren und die
nun den Namen »Baronne Edmond de Rothschild« erhalten sollten. An
Louisette Meillands Seite stand Anne Marie Trechslin, die »Rosenmalerin«, mit einem Aquarell der neuen Rosensorte. Sie überreichte
es Nadine de Rothschild, die strahlend und ebenso schön wie »ihre«
Rosen, das Geschenk entgegennahm.

Anne Marie Trechslin

»Anne Marie Trechslin« (1968).
Die meisten Züchter richten sich nach dem ungeschriebenen Gesetz, das besagt, daß man eine neue Rose bedeutenden Persönlichkeiten des öffentlichen Lebens widmen darf, auch Familienmitgliedern und Freunden, niemals aber sich selbst. Die Anne Marie Trechslin gewidmete Rose ist als eine Huldigung zu verstehen, mit der Bewunderung und Anerkennung für eine der besten Rosenmalerinnen der Welt ausgedrückt werden sollen. Sie ist gleichzeitig eine Danksagung für ihren künstlerischen Beitrag zur besseren Kenntnis über die Rosen und somit deren Verbreitung.
Vier Rosenbücher mit über zweihundertzwanzig Aquarellen sind ihre stolze Leistung und somit gleichrangig mit dem berühmten Werk »Les roses« von Pierre Joseph Redouté, das eineinhalb Jahrhunderte zuvor erschienen ist.
Die der »Rosenmalerin« gewidmete Sorte zeichnet sich durch ihren intensiven Duft und das gefällige Zusammenspiel vieler Farben aus und ist somit gewissermaßen eine Synthese ihrer bemerkenswerten Charakterzüge. Der ausgeprägten Sensibilität von Anne Marie Trechslin ist es zu verdanken, daß uns ihre Aquarelle die Schönheit der Rose noch näherbringen. Liebevoll nimmt sie sich auch der kleinsten Details an, mit denen die Natur dieses Juwel unter den Blumen ausgestattet hat.

Just Joey

»Just Joey« (1972).

Die Prüfungskommission der *Royal National Rose Society* ließ bei der Vergabe des *Trial Ground Certificate* im Jahre 1971 einen Begleittext erstellen, in dem diese Rose beschrieben wird. Hier die wörtliche Wiedergabe: »Blüten: zweiunddreißig orange-kupferfarbene Petalen mit roter Äderung, die zu den Blütenrändern hin leicht verblassen. Die Stiele sind sowohl ein- wie auch mehrblütig. Der Wuchs ist aufrecht, kräftig und hoch, das Blattwerk matt, von kräftigem Grün, im Wachstumsstadium klein und rötlich.«

Das Bewertungssystem der *Royal National Rose Society* im Rosengarten von St. Albans bei London unterscheidet sich von den anderen Europas sowohl in der Zusammensetzung der Jury, die dort nur aus englischen Fachleuten besteht, als auch in der Bewertung der einzelnen Eigenschaften (Wuchskraft und Habitus 20/100, Widerstandskraft gegen Krankheiten 20/100, Bewertung von Blütenstand und Farbe 20/100, Blühfreudigkeit und Häufigkeit der Blüte, neue Eigenschaften und Gesamteindruck 30/100, Duft 10/100).

Eine Besonderheit von »Just Joey« ist ihr Name, der mit einer kleinen Geschichte schnell erklärt ist. Ihr Züchter Roger Pawsey war der Direktor der alteingesessenen Rosenzucht Cants in Colchester. Als man ihn bat, der Neuschöpfung einen Namen zu geben, sagte er in Anspielung auf den Namen seiner Gattin: »Just Joey« (einfach nur Josephine).

1978 organisierte die *Royal National Rose Society* eine Konferenz, bei der die zwölf besten Teehybriden ausgewählt werden sollten. »Just Joey« errang den dritten Platz, mit nur einem Punkt Abstand von den beiden ersten, die sich mit gleicher Punktzahl qualifiziert hatten (»Alec's Red« und »Silver Jubilee«). Beim internationalen Wettbewerb um die Rose mit dem intensivsten Duft in Den Haag wurde »Just Joey« diese bedeutende Anerkennung zugesprochen. Die britischen Rosenzüchter erzählen scherzhaft, daß der Züchter Roger Pawsey über diesen Preis selbst am meisten erstaunt war.

Eine für Scherze wenig geeignete Auszeichnung ist die bedeutende *James Mason Gold Medal*, eine kunstvoll handgearbeitete Medaille, mit der die beim großen Publikum beliebteste Rosensorte geehrt wird. »Just Joey« erhielt sie im Jahre 1986.

Puszta

»Puszta« (1972); Syn.: »New Daily Mail« (England).

Allzuoft sind wir geneigt, mit mehr oder weniger überzeugenden Begründungen Ranglisten zu erstellen und nur den Sieger in den höchsten Tönen zu loben. Diese schlechte Gewohnheit macht auch vor der Welt der Rosen nicht halt, wo man in Superlativen von »der Lieblingsrose der Welt«, »der duftendsten Rose«, der »haltbarsten Schnittrose« usw. spricht. Doch niemand verschwendet auch nur einen Gedanken an die Rose, die den zweiten Platz errungen hat, als ob man ihr dadurch schaden könnte. Also wollen wir diese Seite einmal ganz bewußt einer Rose widmen, die einen redlichen zweiten Platz gewonnen hat. Sie wurde von der Rosenfirma Mathias Tantau gezüchtet, einer der bedeutendsten in Deutschland.

»Puszta« erscheint schwer vereinbar mit der ungarischen Steppe, auch wenn sie von kräftigem, aufrechtem und buschigem Wuchs ist, mit großen, wohlgeformten und halbgefüllten Blüten, deren kräftiges, leuchtendes Rot nicht verblaßt oder sich im Verblühen verfärbt. Ein Kritiker bezeichnete sie allerdings als »die übliche Rose mit roten Blütenbüscheln«. Trotzdem hat diese Rose nach zweijähriger Beobachtung in neun deutschen Prüfungsgärten die begehrte Auszeichnung *ADR* (Anerkannte Deutsche Rose) erhalten. Ihr zweiter Platz ist also in jeder Weise gerechtfertigt.

Ihr Züchter, Mathias Tantau, leitet eine sehr leistungsfähige Rosenfirma, die er von seinem Vater Mathias Tantau sen. übernommen hat. Sie liegt in Uetersen bei Hamburg und ist nur ca. dreißig Kilometer von der Rosenschule Kordes, der anderen berühmten Rosenzucht Deutschlands, entfernt, die sich 1973 mit »Friesia« einen Namen machte. »Super Star«, »Duftwolke« (= »Fragrant Cloud«) und »Mainzer Fastnacht« (= »Blue Moon«) sind nur drei Rosen erster Güte, mit denen Tantau die Gärten der ganzen Welt verschönt hat. Und so fragt man sich, steht ihm nun der ruhmvolle erste Platz zu oder der unschickliche zweite?

Friesia

»Friesia« (1973); Syn.: »Sunspriete« (USA), »Korresia« (England).
Mit dem Namen »Friesia« wollte die Rosenzucht Kordes, die größte in
ganz Mitteleuropa, ihrer Heimat Friesland ein Denkmal setzen.
Bis 1910 befand sich der Betrieb in Elmshorn, dann zog er um nach
Sparrieshoop, wo er sich zu der großen und renommierten Firma
entwickelte, die wir heute kennen. Die 1887 von Wilhelm Kordes
gegründete Rosenschule wurde vom Sohn Wilhelm Kordes II. weitergeführt, den man für den größten und erfolgreichsten Rosenzüchter
aller Zeiten hält. 1964 übernahm dessen Sohn Reimer, der bereits
jahrelang engster Mitarbeiter des Vaters gewesen war und als würdiger
Statthalter des väterlichen Ruhms galt, die Rosenzucht, womit nun die
dritte Generation am Ruder ist. Einige berühmte Rosensorten, die
Wilhelm Kordes II. im Laufe seiner fünfzigjährigen Tätigkeit gezüchtet
hat, sind »Crimson Glory« (1935), »Orange Triumph« (1937),
»Frühlingsgold« (1937), »Frühlingsmorgen« (1940), »Kordes Sonder-
meldung« (1940) sowie die Gruppe der *Kordesii*-Sorten, öfterblühende
und frostunempfindliche Kletterrosen.
Reimer Kordes gelangen bereits in den langen Lehrjahren unter väter-
licher Aufsicht bemerkenswerte und erfolgreiche Züchtungen wie »Lilli
Marlene«, »Königin der Rosen«, »Isabel de Ortiz«, »Wiener Charme«
usw. Er stellte seine Fähigkeiten auch später unter Beweis, als er in
eigener Regie die Züchtungsarbeit übernahm und so herrliche
Schnittrosen wie »Prominent« und »Mercedes« schuf und Beetrosen
wie »Schneewittchen« (= »Iceberg«), »Peer Gynt« und »Friesia«, diese
schöne, duftende Rose mit mehrblütigen Stielen. Kaum im Handel,
errang sie schon die höchste deutsche Anerkennung, die *Anerkannte
Deutsche Rose*. Sie gilt als führend in der Gruppe der Floribundarosen
mit goldgelben Blütenblättern.

Sonia Meilland

»Sonia Meilland« (1973); Syn.: »Sonia«, »Sweet Promise« (England).
Sonia Meilland ist die Enkelin von Francis und Louisette Meilland aus
der gleichnamigen berühmten Rosenzüchterfamilie und Urenkelin des
Begründers Antoine Meilland.
Seit 1973 trägt diesen Namen auch eine reizende zartrosa Knospe mit
leicht lachsrosa und gelber Schattierung, die inzwischen zur meistver-
kauften Schnittrose der Welt geworden ist. Schnittrosen sollten in
diesem Buch nicht beschrieben werden, aber gute Gründe sprechen
dafür, »Sonia Meilland« eine Sonderbehandlung zuteil werden zu
lassen. Rosenkenner wissen, daß Schnittrosen anderen Kreuzungs-
und Selektionsverfahren unterworfen sind als Gartenrosen. Ertrag und
Leistung in qualitativer wie auch quantitativer Hinsicht werden von der
Treibhauszucht bestimmt, wobei Temperatur, Feuchtigkeit und Licht
bis ins kleinste Detail festgelegt werden. Heutzutage testen und
selektionieren große Züchter Gartenrosen auch *in loco,* die für andere
Länder und Klimazonen bestimmt sind.
»Sonia«, der Star unter den Treibrosen, stellt wegen ihrer ausgezeichneten Ergebnisse als Garten-, Beet- und Schnittrose eine seltene und
glückliche Ausnahme dar. In den USA bieten die Pflanzenkataloge sie
unter der Kategorie der »Grandiflora« an. Diese Klassifizierung findet
man fast ausschließlich in Nordamerika, und sie betrifft sehr kräftige
Rosen mit mehrblütigen Stielen und großen Blüten.

Yesterday

»Yesterday« (1974).

Man vermutet, daß die um die Jahrhundertwende sehr geschätzten Polyantharosen durch eine Kreuzung der Varietät »Minima« aus der *Rosa chinensis*-Gruppe und den ersten in Europa aus Sämlingen gezogenen Rosen der *Rosa multiflora*-Gruppe entstanden sind. Diese neuen kleinwüchsigen Rosen, die von Frühjahr bis Herbst mehrfach blühen, waren eine bis dahin nicht vorstellbare farbliche Bereicherung der Gärten. Es folgten die Polyanthahybriden (= Polyantha x Teehybriden), dann die Floribundarosen, deren Blüten zwar auch in Büscheln zusammenstanden, die aber noch mehr den Teehybriden ähnelten. Seit einiger Zeit scheint sich eine neue Entwicklung anzubahnen.

Wie der Name schon sagt, will »Yesterday« eine Verbindung zu den Rosen von gestern herstellen. Ihre Wuchskraft, die unzähligen Blüten des ersten und der nachfolgenden Flore und die schmalen, duftenden Petalen scheinen eine Renaissance der Polyantharosen anzukündigen. Die direkten Vorfahren gehen auf das Jahr 1937 zurück und heißen »Ballerina« und »Mozart«. Fortbestand garantieren »Marjorie Fair«, eine ebenfalls wie »Yesterday« von Jack Harkness gezüchtete Sorte, und »Sally Holmes« von R. A. Holmes, einem anderen englischen Züchter, sowie »Rush« vom Belgier Lens und einige andere Sorten.

So kann man sich des Gefühls nicht erwehren, daß mit dieser neuen Generation von Strauchrosen die neue Ära der Polyantharosen bereits begonnen hat.

AMTrechslin.

Nil Bleu

»Nil Bleu« (1976).
Blau ist zweifellos eine seltene Rosenfarbe und wird deshalb vermutlich von den Züchtern weitaus großzügiger interpretiert als der
enger gefaßte lexikalische Begriff.
Lavendel- oder malvenfarben, lilarosa, violett sind vielleicht
zutreffendere Beschreibungen für die sogenannten blauen Rosen.
Delbart und Chabert, der eine Verbreiter, der andere Züchter von
»Nil Bleu«, wollten es mit dieser Namensgebung wohl uns überlassen,
das Blau des Nils zu deuten, der – wie man weiß – eine entschieden
andere Farbe hat als das Blau des Himmels, des Meeres oder der
französischen Flagge. Jedenfalls haben sie sich damit elegant der
Verantwortung für die Interpretation dieses Farbbegriffs entzogen.
Die am meisten bewunderte Vertreterin der fast blauen Rosen ist seit
1964 die fliederlila, stark duftende »Mainzer Fastnacht« (»Sissi« für
die Franzosen, »Blue Moon« für die englischsprachigen Länder). 1976
folgte »Nil Bleu« und gewann innerhalb kürzester Zeit zwölf internationale Wettbewerbe, wovon vier ausschließlich der Qualität ihres
Duftes galten. Damit ist sie die größte Konkurrentin von »Mainzer
Fastnacht«, die sie allerdings mit der Größe ihrer Blüten sogar noch
übertrifft, deren Durchmesser bis zu zwanzig Zentimeter erreicht.
Unvergleichlich ist auch ihr intensiver Duft, der noch Tage, nachdem
die Rose geschnitten wurde, anhält.

Julie Delbard

»Julie Delbard« (1976).

Julie war die erste Enkelin von Georges Delbard, und ihr wurde diese Sorte gewidmet, deren Blüten vom Großvater als »Schmetterlinge mit ausgebreiteten Flügeln« bezeichnet wurden. Der poetische Vergleich gibt sehr treffend das Aussehen der leichten Blüten wieder, deren weite, etwas gewellte Petalen je nach Einfall des Sonnenlichts in den verschiedensten Farben schillern. So erscheinen die Blütenblätter erst lachsfarben, dann wieder zart orange bis rosarot, während das bunte Wechselspiel der Farben noch zusätzlich von einem leuchtenden Gelb durchdrungen wird.

Georges Delbard und André Chabert, die beiden Züchter dieser Rose, wollten mit dieser Neuschöpfung den Gärten zu einer neuen farblichen Auflockerung verhelfen. Dafür sprechen auch die zahlreichen vorangegangenen Kreuzungen mit berühmten Gartenrosen jener Zeit, bei denen fünf Sorten mit mehrblütigen Stielen verwendet wurden (»Zambra«, »Orange Triumph«, »Floradora«, »Orléans Rose«, »Goldilock«) und zwei mit einblütigen Stielen (»Bettina« und »Rouge Mallerin«).

Dank ihrer reichbesetzten mehrblütigen Zweige ist »Julie Delbard« eine beliebte Gartenrose und ein gefälliger Farbtupfer im Garten. Dafür spricht auch die Goldmedaille, die sie beim Internationalen Wettbewerb des Parque del Oeste in Madrid errang. Wegen ihrer Langlebigkeit als Schnittrose ist sie auch sehr gut für zarte und ausgefallene Blumenarrangements geeignet. Eine helle und moderne Umgebung harmoniert am besten mit der duftigen Leichtigkeit ihrer Blüten.

Grand Siècle

»Grand Siècle« (1976).
»Grand Siècle« ist eine Huldigung an das Jahrhundert von
Ludwig XIV., dem »Sonnenkönig«, an eine Zeit, in der große
Ambitionen verwirklicht wurden und der Frankreich bedeutende
Errungenschaften zu verdanken hat. In der über fünfzig Jahre
dauernden Herrschaft dieses absolutistischen Monarchen, der sich als
Vertreter Gottes auf Erden sah, wurde Frankreich zur Vormacht in
Europa.
Welch starke Faszination das *Grand Siècle* auf Georges Delbard
ausübte, wird an einem Brief deutlich, in dem er die neue Rose mit so
schicksalshaften Worten beschreibt wie: »rose qui mérite ce titre par sa
grandeur; c'est la plus majestueuse qui existe dans le coloris rose. Et
quel parfum suave!«
In das *Grand Siècle* fallen auch Planung und Bau des Schlosses von
Versailles, das heute noch von Prunk und hohem künstlerischem
Niveau jener Zeit zeugt. Zehn Jahre vor der Einführung dieser
Ludwig XIV. gewidmeten Rose hatte Georges Delbard bereits eine
andere seiner Rosen dem Schloß von Versailles gewidmet. Beide
gingen aus den verschiedensten internationalen Wettbewerben als
Siegerinnen hervor. Im Gegensatz zu der üppigen und wohl-
riechenden »Grand Siècle« ist »Versailles« weniger auffallend und
duftet »wie Rosen, die keinen Duft haben«. Trotzdem besteht zwischen
ihnen eine perfekte Übereinstimmung, denn beiden sind die
zarten Farbtöne der Petalen zu eigen, deren Bonbonrosa in einem
leuchtenden Perlmuttweiß zerfließt.
Zwei Rosen mit einer Harmonie, die nicht nur in ihrem Namen
begründet liegt.

Double Delight

»Double Delight« (1976).

Auf welches zweifache Vergnügen ist wohl der Name dieser auffälligen Rose zurückzuführen, bei deren Anblick man die gleichen Regungen verspürt wie ein Schleckermaul beim Anblick eines mit Kirschsirup übergossenen Sahnebechers? Manch einer zieht Parallelen zwischen dem Namen und den beiden kontrastierenden Farben der Petalen, andere wiederum sehen in der Kombination von ausgeprägter Formschönheit und starkem Duft das zweifache Vergnügen.

Die Blühleistung von »Double Delight« ist je nach Standort unterschiedlich. Bei einer Untersuchung wurde festgestellt, daß die Rose an Standorten mit geringer und kurzer Sonneneinstrahlung weniger blühfreudig ist als an Plätzen mit langer und starker Sonneneinwirkung.

»Double Delight« scheint demzufolge eine stark lichtempfindliche Sorte zu sein. Erwähnenswert ist auch, daß sie ihre volle Leistung erst zwei Jahre nach ihrer Pflanzung erbringt. Entsprechend fiel auch die Bewertung der *American Rose Society* aus. Im Jahre 1977, dem ersten Benotungsjahr, erhielt sie die Wertung 8/10, um dann stufenweise bis 1986 die Note 9/10 (= outstanding, zu deutsch einzigartig) zu erreichen.

Margaret Merril

»Margaret Merril« (1978).

Bei vielen Züchtern sind Rosen mit weißen Blüten nicht sonderlich beliebt, da sie davon ausgehen, daß diese Farbe ihren Kunden nicht gefällt. Dieses Vorurteil mag Gründe haben, sollte aber nicht verallgemeinert werden. Vor mehr als eineinhalb Jahrhunderten wurde »Mme Hardy« gezüchtet, die schönste weiße Rose aller Zeiten, deren Petalen an kostbare Spitze erinnern und aus deren Innerem ein kleines smaragdfarbenes Auge hervorleuchtet. Von der Jahrhundertwende an beherrschte dann »Frau Karl Druschki« (= »Reine des Neiges«) fünfzig Jahre lang die Schaufenster der Blumengeschäfte und die Rosenbeete, obwohl ihren riesengroßen Blüten jeglicher Duft fehlte. Diese Eigenschaft galt bei den weißen Rosen als verloren, kehrte aber 1940 mit »Neige Parfum« wieder zurück. Vorangegangen war eine Wette des Züchters Charles Mallerin, der sich dabei verpflichtet hatte, innerhalb der nächsten fünf Jahre eine duftende weiße Rose zu züchten.

Es folgten weitere Rosen wie »Pascali«, »Youki San«, »Schneewittchen« (= »Iceberg«) und als letzte im Reigen der sehr erfolgreichen weißen Rosen »Margaret Merril«. Die mehrblütigen Stiele tragen große, elegante Blüten, deren wundervoller Duft den aller anderen modernen weißen Rosen übertrifft.

Duft, Farbe und Form haben dieser Sorte bei internationalen Wettbewerben eine beneidenswerte Anzahl an Preisen eingebracht: drei Goldmedaillen, zwei Silbermedaillen, drei Wertzeugnisse, vier Anerkennungen für die duftendste Varietät.

A.M.Trechslin.

Silver Jubilee

»Silver Jubilee« (1978).
Unter dem Titel »Preise für die Rosenneuheiten des Wettbewerbs
1977« beginnt das Jahrbuch der *Royal National Rose Society* seine
Auflistung mit folgenden Worten: »Der internationale Preis des
Präsidenten für die beste aus einem Sämling gezogene Rose und die
Goldmedaille der Gesellschaft gehen an ›Silver Jubilee‹ von
Alexander Cocker aus Aberdeen.« (Der Name »Silver Jubilee« sollte an
den fünfundzwanzigsten Jahrestag der Thronbesteigung von
Elizabeth II. erinnern.)
Auch in den folgenden Jahren verteidigte diese Rose erfolgreich ihren
ersten Platz in der Klasse der großblütigen Rosen (ehemals Tee-
hybriden) der *Royal National Rose Society*. 1986 wurde sie mit 521
Stimmen auf den ersten Platz gewählt, während die Gewinnerin des
zweiten Platzes nur 268 Stimmen erhielt. Angesichts der vielen
Vorzüge dieser Rose soll auch die Meinung von Kritikern erwähnt
werden, denen der Stiel nicht lang genug ist. Hierzu der Kommentar
eines amerikanischen Fachmanns: »Ein langer Stiel hat noch nie
aus einer häßlichen Rose eine schöne gemacht.«
Schon seit dem Ende des letzten Jahrhunderts waren in den Gärten
Englands Rosen vertreten, die aus den Gärtnereien von Cocker
stammten. Jedoch erst in den sechziger Jahren erfolgte dank der
Tüchtigkeit und Ausdauer von Alexander (»Alec«) Cocker die Speziali-
sierung ausschließlich auf Rosenzucht. Seinen ersten wichtigen Preis
errang er mit »Alec's Red«, und fast jedes Jahr folgten neue Auszeich-
nungen. »Silver Jubilee« war seine letzte Züchtung, und mit dieser
herrlichen Neuschöpfung nahm er Abschied von den Rosen und von
der Welt.

Ann Harkness

»Ann Harkness« (1978).
Es wäre sicher lohnenswert, einige Episoden aus dem bewegten Leben
des Züchters Jack Harkness zu erzählen und die Beschreibung der
Rose selbst etwas zu kürzen, die er seiner Enkelin zum einund-
zwanzigsten Geburtstag widmete. Diese Züchtung ist besonders
interessant wegen ihrer aprikosenfarbenen, wohlgeformten Blüten und
der langanhaltenden Blütezeit, die erst zwei Wochen nach der der
anderen Floribundarosen beginnt. Auch ihr patentierter Name hat eine
Besonderheit. Es ist nämlich der einzige, der unverändert in der
ganzen Welt übernommen worden ist: *Harkaramel.* Schon in anderen
Kapiteln wurde auf die Fähigkeiten des brillanten Züchters und
Verbreiters Jack Harkness hingewiesen, in dessen Leben Zeiten der
Zuversicht und der Resignation einander ablösten. Für seine Sensibilität und seinen feinen Humor sprechen die Zeilen der Widmung, die
er seinem Buch *Roses* voranstellte: »Für Betty Catherine Harkness.
Ich begegnete ihr im Jahre 1946 und hatte die außergewöhnliche
Geistesgegenwart, sie 1947 zu heiraten. Seitdem sind wir glücklich und
zufrieden, was vor allem ihr zu verdanken ist.«

Paradise

»Paradise« (1979).

Als älteste Vereinigung von Rosenliebhabern gilt die *Royal National Rose Society* in England, die 1976, zum Zeitpunkt ihres hundertjährigen Bestehens, bereits hunderttausend Mitglieder zählte. Die andere große Vereinigung von Rosenfreunden ist die *American Rose Society*. In diesem Buch gab es bisher ausreichend Gelegenheit, über die Initiativen der ältesten englischen Gesellschaft zu berichten, während die Aktivitäten der amerikanischen Gesellschaft bisher fast nicht erwähnt wurden. Allerdings wies ich bei der einen oder anderen Rose auf die *All America Rose Selection* hin, eine wichtige Prüfung, die unter der Schirmherrschaft der amerikanischen Gesellschaft stattfindet. Hier in Kürze einige Informationen. In den USA gibt es acht verschiedene Prüfungsgärten, die über das ganze Land verteilt sind, und in denen die von amerikanischen und ausländischen Züchtern eingesandten Rosenneuheiten geprüft werden. Nach zwei Jahren werden die ersten vier Bewerber für die Endrunde in die *All America Rose Selection* aufgenommen, die in den USA großes Ansehen genießt. 1979 erhielt »Paradise« diese Auszeichnung für Formschönheit und ungewöhnliche Farbgebung. Die malvenfarbenen Blüten mit den rubinroten Rändern sind in der Tat sehr bemerkenswert.

In Europa wurde diese Sorte von Meilland verbreitet. Sie gedeiht besonders gut an Standorten, die eine Sonnenbestrahlung am Vormittag und etwas Schatten am Nachmittag gewährleisten.

A.W.Trechslin.

Regensberg

»Regensberg« (1979); Syn.: »Buffalo Bill«.

Mit Sam McGredy ist die vierte Generation dieser bekannten Rosenzüchterfamilie angetreten. Er war gerade zwei Jahre alt, als er im Jahre 1934 seinen Vater verlor. Nachdem er erst die Grundschule in Nordirland, dann ein College in den USA und ein weiteres in England besucht hatte, besaß er mit zwanzig Jahren zwar eine gute Allgemeinbildung, hatte aber nicht die geringste Ahnung von der Rosenzucht, um die Arbeit seiner Vorväter fortführen zu können. Letztendlich aber siegte die Macht der Tradition. Sam McGredy IV. widmete sich mit Hingabe und Begeisterung der Praxis von Züchtung und Kreuzung und machte eine Informationsreise in die USA zu Gene S. Boerner, der den Forschungsbereich der Jackson & Perkins leitete. Im Anschluß daran folgte ein Aufenthalt in Deutschland bei Wilhelm Kordes, der sehr aufschlußreich für den jungen McGredy war und die weitere Entwicklung entscheidend beeinflussen sollte. Kordes vertrat nämlich die These, daß die Kreuzungsergebnisse zu achtzig Prozent von den Gesetzen der Genetik und zu weniger als zwanzig Prozent von unvorhersehbaren Umständen abhingen. Aus diesem Grund war der Samen lediglich ein Hilfsfaktor, dem keine ausschlaggebende Funktion zukam. Er vertrat außerdem die Ansicht, daß ein Garten widerstandsfähige und frostbeständige Rosen und keine Schnittrosen als Farbtupfer brauchte, und war dafür, ganz neue Wege in der Rosenzucht einzuschlagen.

Diese Prinzipien erschienen auch McGredy überzeugend, und so machte er sie sich zu eigen. Sie waren mit ein Grund für den weltweiten Erfolg seiner Rosenzucht, die neben der traditionellen Produktion auch eine Serie neuer, teils bodendeckender Miniaturrosen einführte und vor allem die »handgemalten« Rosen in den Handel brachte. Deren Besonderheit lag darin, daß die Farben Rot und Weiß ohne klare Grenzen ineinander übergingen und sich während der Blütedauer veränderten. Die erste dieser Rosen war »Picasso« (1970), dann folgten in kontinuierlicher Weiterentwicklung »Matangi« (1974), »Old Master« (1974), »Eye Paint« (1976), »Priscilla Burton« (1978), dann die hier abgebildete niedrige und kompakte Rose »Regensberg« (1979) und »Sue Lawley« (1980). Ganz bestimmt werden weitere »handgemalte« Rosen oder andere mit noch nicht vorhersehbaren Eigenschaften folgen.

A. M. Trechslin.

Saint Victor

»Saint Victor« (1979).

Am 21. Juni 1975, einem strahlend schönen Sommertag, erhielt der Ort Saint-Victor-sur-Loire von der *Société Française des Roses* die begehrte Auszeichnung *Village des Roses* verliehen. Saint Victor ist ein malerischer kleiner Ort, inmitten von Wäldern und Wiesen auf einer Hochebene gelegen. Aus dem frischen Grün der Bäume leuchtet die alte Burg aus weißem Stein hervor, und um die mittelalterliche Kirche schmiegen sich Häuser mit roten Ziegeldächern. Seit 1975 befindet sich hier ein herrlicher Rosengarten von fünf Hektar, der sich direkt an den Ort anschließt und von Juni bis November in Blüte steht. Entworfen wurde dieser Garten, der über dreitausend Rosen beherbergt, von Jean Marc, dem Direktor der Park- und Gartenverwaltung der nahegelegenen Stadt Saint Étienne. Seit 1970 ist Saint Victor in diese Stadt eingemeindet, die nicht nur ein bedeutendes Industriezentrum ist, sondern auch landschaftliche Schönheiten zu bieten hat. Der bekannte Züchter Paul Croix widmete seinem Schwiegersohn Jean Marc eine seiner Rosen als Zeichen des Dankes und der Anerkennung für dessen Verdienste als Direktor der Gärten von Saint Étienne und Initiator des Rosengartens von Saint Victor. Dann folgte durch die Kreuzung von »Queen Elizabeth« mit »Mme Tsiranana« eine herrlich scharlachrote Rose mit großen leuchtenden Blüten, der er liebevoll den Namen »Saint Victor« gab – eine Huldigung an den herrlichen Rosengarten des kleinen Ortes.

Der Name Saint Victor reicht übrigens in frühchristliche Zeit zurück. Hier ein Auszug aus einem bedeutenden Buch mit Lebensbeschreibungen von Heiligen: »Zu Beginn des 4. Jahrhunderts hatte das Christentum in Marseille eine Menge Anhänger, die von Legionären des römischen Kaisers Marc Aurel verfolgt wurden. Auch ein römischer Offizier namens Victor gehörte zu den Anhängern Christi. Bei einem seiner Bekehrungsversuche wurde er von seinen Verfolgern überrascht und festgenommen. Als er sich trotz der grausamsten Folterungen weigerte, seinem Glauben abzuschwören, mußte er den Märtyrertod erleiden.« Sein Mut blieb unvergessen und so gab man einem kleinen Ort in der Nähe Marseilles seinen Namen.

Robusta

»Robusta« (1979); Syn.: »Kordes' Rose Robusta«.

Zwei Eigenschaften haben alle Kordes-Rosen gemeinsam: die Widerstandsfähigkeit (in der Gärtnersprache versteht man darunter die Unempfindlichkeit gegenüber niedrigen Temperaturen) und eine gesunde Konstitution (also keine Anfälligkeit für Krankheiten).

Im Geburtsregister der Rosen *Modern Roses 8* sind als Eltern von »Robusta« eine *Rosa rugosa* als Vaterrose und ein unbekannter Sämling als Mutterrose angegeben. Bekanntlich ist die *Rosa rugosa* eine sehr widerstandsfähige und gesunde Rose, von deren Erbgut diese Neuzüchtung profitierte.

Im Jahrbuch 1981 der *Royal National Rose Society* ist übrigens die Elternschaft genau umgekehrt angegeben. Nun muß man wissen, daß es von großer Bedeutung ist, welcher Elternteil den Pollen liefert und welcher Samenträger ist. Gemäß einigen Züchtern beeinflußt die Mutter (die im Geburtsregister als erste genannt wird) ganz andere Eigenschaften der zukünftigen Pflanze als der Vater.

Der unbekannte Elternteil von »Robusta« hat also ebenso zur Chromosomenausstattung beigetragen und ihre Eigenschaften mitbestimmt wie die *Rosa rugosa*. Der kräftige, buschige Wuchs (bei den Italienern spricht der Name »Robusta« für sich) und die ledrigen, glänzenden Blätter zeugen vom Einfluß der *Rosa rugosa*. Die Frage ist nur, von wem sie wohl die Fähigkeit zu schnellem Wachstum ererbt hat, und von wem die lebhafte rote Farbe der einfachen, schalenförmigen Blüten stammt, an denen wir uns ohne Unterbrechung von Frühjahr bis Herbst erfreuen können.

1980 erhielt »Robusta« zwei bedeutende Preise: Das Wertzeugnis der *Royal National Rose Society* und die *Anerkannte Deutsche Rose.*

Laura

»Laura« (1981).
Seit einigen Jahren gibt es hinsichtlich der Benennung der Rosensorten neue Bestimmungen, die sich von den bisher üblichen
Vorschriften unterscheiden. So ist der patentierte Name, der in jedem
Land, in dem die Rose verbreitet wird, wie ein Markenzeichen
geschützt ist, jetzt nicht mehr ein Eigenname wie z. B. »Mme Meilland«
oder ein allgemeiner Name wie »Yesterday«, sondern vielmehr ein
Code, eine Abkürzung, die meist mit den ersten zwei bis drei Anfangs-
buchstaben des Züchters beginnt und dann von jeweils unterschied-
lichen Codewörtern gefolgt wird, z. B. »Delnible« = »Nil Bleu« von
Delbard. Der bisher als verbindlich angesehene Name hingegen kann
von Land zu Land variieren, je nach praktischen oder sprachlichen
Gesichtspunkten. Ebenso ist es möglich, den Namen einer nicht mehr
erfolgreichen Sorte auf eine neue Rose zu übertragen. Hier einige
Beispiele: Die stark duftende Züchtung Tantaus »Duftwolke« heißt im
englischen Sprachraum »Fragrant Cloud«, ansonsten auch »Nuage
Parfumé« und »Nuvola Parfumata«, während ihr offizieller patentierter
und unveränderlicher Name »Tanellis« ist. Die in den fünfziger und
sechziger Jahren im mediterranen Raum sehr verbreitete Strauchrose
»Cocktail« hat ihren Namen an eine schöne gelbe Schnittrose abge-
treten.
Diese lange Vorrede war notwendig, um zu erklären, daß die hier
abgebildete Sorte »Laura« nichts mit der Rose, die in den Katalogen
der sechziger Jahre zu finden ist, gemein hat, sondern eine kräftige
Rose mit leuchtenden Blüten ist, deren mandarinfarbener Ton sich zu
den Rändern hin verstärkt. Sie wurde von Meilland gezüchtet und
1981 in den Handel gebracht.

Princesse de Monaco

»Princesse de Monaco« (1982).

Einer der begabtesten Rosenzüchter dieses Jahrhunderts war Francis Meilland, dessen Leben ganz im Zeichen seiner Lieblingsblume, der Rose, stand. Die europäischen Züchter verdanken ihm nicht nur die herrlichsten Rosensorten, allen voran die Jahrhundertrose »Gloria Dei«, sondern auch den Sortenschutz, für den er sich zeit seines Lebens einsetzte und dessen Einführung er immer wieder forderte.

Vor dreißig Jahren schuf er die Sorte »Grace de Monaco«, und es versteht sich von selbst, daß eine Blumenrabatte im Garten der fürstlichen Residenz einzig und allein dieser Sorte vorbehalten war. Die zweihundert Rosen, die dort blühten, begannen jedoch im Laufe der Jahre zu verkümmern. Als Alain Meilland nach dem Tode seines Vaters zusammen mit seiner Mutter Louisette die Leitung der Rosenzucht übernahm, beabsichtigte er unter anderem, das Rosenbeet des fürstlichen Gartens zu erneuern. Zu seiner großen Überraschung mußte er feststellen, daß keine einzige Rosenzucht in Europa in der Lage war, ihm zweihundert junge Pflanzen der Sorte »Grace de Monaco« zu beschaffen, obwohl diese Sorte fünfundzwanzig Jahre lang zu den beliebtesten Rosen gehört hatte.

Im Jahre 1982 fand im Fürstentum Monaco die jährliche Wanderausstellung des *Salon de la Rose* statt. Die Fürstin selbst eröffnete die Veranstaltung und blieb bei ihrem Rundgang ganz besonders lange bei einer schönen, noch unbekannten Rose stehen, deren elfenbeinfarbene Petalen sich zu den Rändern hin rot färbten. Die Fürstin war nicht nur von der eleganten Form der Blüten fasziniert, sondern ganz besonders von der Farbe der Blütenblätter, die der monegassischen Fahne glichen. Alain Meilland, der Züchter, bat sie daraufhin, ihr die Rose widmen zu dürfen, und sie willigte gerne ein. Es dauerte dann nicht lange, und zweihundert Rosen dieser Sorte stellten den schon etwas verblaßten Glanz des Rosenbeetes der fürstlichen Residenz wieder her.

Banzai '83

»Banzai '83«.
Die Firmenleitung der *Meilland Selection* scheint wohl eine Schwäche
für den orientalisch klingenden Namen »Banzai« zu haben, denn schon
1960 brachte Madame Louisette Meilland eine erste Rose mit diesem
Namen auf den Markt, die sie durch die Kreuzung von »Radar« mit
»Caprice« erzielte. »Caprice« war eine von Frühjahr bis Spätherbst
eifrig blühende Strauchrose aus dem Jahre 1946, der man wegen des
herrlich grünen und glänzenden Blattwerks und der großen zwei-
farbigen Blüten in Erdbeerrot und Cremefarben eigentlich mehr Glück
gewünscht hätte. Im Jahre 1976 kam bei Meilland eine weitere Rose
mit dem Namen »Banzai« heraus. Der Züchter war Francesco Paolino,
der Vater von Louisette Meilland, die seit 1939 mit Francis Meilland
verheiratet war. Seit 1983 wird in den dänischen, holländischen,
Schweizer und deutschen Katalogen von Meilland die Sorte
»Banzai '83« angeboten.
Mein Interesse für die Philologie ist verhältnismäßig begrenzt, auch
wenn mich Wörterbücher faszinieren. Jedenfalls stellte ich erst einmal
fest, daß der Name japanischen Ursprungs ist. Später nahm ich dann
noch ein besonders qualifiziertes Wörterbuch zu Hilfe, aus dem
hervorging, daß der Name den Wunsch für ein langes Leben versinn-
bildlicht und sich aus den Silben *ban* = 10 000 und *zai* = Jahre zusam-
mensetzt. Der Wunsch nach einem langen Leben hat sich bei dieser
Rose erfüllt, denn sie ist widerstandsfähig und von gesunder Konstitution und läßt sich leicht kultivieren. Die maisgelben Blüten sind
entlang der Ränder organgerot, und dieser Farbton verfließt langsam
im restlichen Blütenblatt. Die gefüllten Blüten mit ihren dichten
Petalen kleben selbst bei starkem Regen nicht zusammen.
Leider ist »Banzai '83« eine Rose ohne Duft. Würde ihr diese Eigenschaft nicht fehlen, so wäre sie – jedenfalls nach Meinung eines
erfahrenen Züchters – die schönste Rose der Welt.

Candy Rose

»Candy Rose« (1984).

Die zehn rosa und weiß getönten Petalen dieser Rose erinnern an die bunten Zuckerbonbons, die sich in den USA und in England großer Beliebtheit erfreuen und deren Name diese Rose trägt.

Sie ist von kräftigem Wuchs und eignet sich besonders gut zum Überwachsen von Böschungen und Mauern. Im Sommer und Herbst trägt sie viele sehr dekorative Früchte, aber nur wenig Blüten.

Die Rosenschulen bringen in den letzten Jahren ein immer größeres Angebot an Rosen heraus, die dem Bedürfnis nach wirkungsvollem Gartenschmuck ebenso gerecht werden wie dem nach geringem Pflegeaufwand. Sie verwenden deshalb Rosen, die außer dem winterlichen Schnitt keinen weiteren benötigen, die unempfindlich sind gegen die üblichen Pilzerkrankungen und die den sehr niedrigen winterlichen Temperaturen trotzen, die also alles in allem nur wenig Pflege erfordern. Dazu gehören beispielsweise alle *Meidiland* oder *Meillandécor* genannten Rosen wie »Candy Rose«, »Ferdy«, »Swany« mit bodendeckendem, überhängendem Habitus; »Bonica '82«, »La Sevillana«, »Pink La Sevillana«, die als Einzelsträucher, kleine Gruppen oder als Hecke verwendet werden.

Viele Rosenschulen bieten nicht nur eine größere Auswahl an reichblühenden Rosensträuchern an, sondern widmen sich auch besonders Rosen für flächige Pflanzung. Der japanische Züchter Onodera schuf 1968 eine bodendeckende Rose für kleine Gärten (»Nozomi« mit sehr vielen kleinen Blüten, ungefüllt und perlmuttfarben). 1980 folgte Sam McGredy mit seinem »Schneeteppich« (»Snow-Carpet«), einer schneeweißen Minaturrose. Im Jahre 1964 erregte »Sea-Foam« großes Interesse, denn sie war die erste Sorte, die ausdrücklich als Bodendecker in den Handel gebracht wurde. Heute gibt es ein großes Sortiment an ähnlichen Rosen wie z. B. »Fairyland« (Harkness), »Lavender Dream« (Interplant), »Pink Spray« und »White Spray« (Lens), »Heidekönigin« und »Repandia« (Kordes) und weitere Sorten von McGredy, Poulsen, Dickson und anderen berühmten Züchtern.

Pierre de Ronsard

»Pierre de Ronsard« (1986); Syn.: »Eden Rose«.

In seinen Gedichten griff Pierre de Ronsard (1524–1588) immer wieder zu Vergleichen mit der Rose, wenn er Gefühle der Liebe und Zärtlichkeit zum Ausdruck bringen wollte. In dem liebenswürdigen und anmutigen Französisch der damaligen Zeit schrieb er so einfühlsame Zeilen wie die folgenden: »Mignonne, allons voir si la rose/Qui ce matin avait déclose/Sa robe de pourpre au soleil . . .«.

Ich erwähne diesen Dichter und seine Zeit aus gutem Grund, denn sein Interesse für die Rosen war nicht zufällig. In der zweiten Hälfte jenes Jahrhunderts hatten nämlich einige eifrige holländische Züchter die ersten Sorten der *Rosa centifolia hollandica* entwickelt und bekannt gemacht, die sehr schnell zu einer der beliebtesten Rosen der Gärtner und das Lieblingsmotiv der niederländischen Maler wurde. Allerdings hatten diese eher zufällig entdeckten Rosen (Kenntnisse der künstlichen Bestäubung verbreiteten sich erst zu Beginn des 19. Jahrhunderts) trotz ihres gleichen Namens nichts mit der *Rosa centifolia* gemein, die Tertullianus in *De Corona,* und Theophrast in *Geschichte der Pflanzen* erwähnen.

Die hier abgebildete Rose »Pierre de Ronsard« weist große Ähnlichkeit mit den Rosen der niederländischen Maler auf, also den holländischen Centifolia-Sorten (ohne diese Ähnlichkeit bestimmten genetischen Faktoren zuschreiben zu wollen), die im Zeitalter Ronsards entstanden und an die Stelle der gleichnamigen ausgestorbenen Rose traten.

Meillandina

»Meillandina« (1980–1986).

Man nimmt an, daß die kleinwüchsigen Rosen mit ebenso kleinen
Blüten und Blättern von der *Rosa chinensis minima* abstammen, die
oft erwähnt wird, aber bei uns in Europa nie in Kultur war. Die ersten
Miniaturrosen wurden in Frankreich gezüchtet und in den Handel
gebracht. Die Stammutter zahlreicher Zwergrosen war »Pompon de
Paris« (vermutlich identisch mit der *Rosa rouletii),* eine Topfrose, die zu
Beginn des letzten Jahrhunderts kultiviert und gezüchtet wurde. Aus
Kreuzungen mit Teehybriden entstanden vor hundert Jahren »Cécile
Brunner« und »Perle d'Or«, die noch heute wegen ihrer eleganten
Form und ihrem Duft bewundert werden. Für einige Zeit gerieten die
Zwergrosen dann in Vergessenheit. Erst um 1935 begannen sich die
Züchter wieder intensiv mit diesen Rosen zu beschäftigen, allen voran
der Holländer Jan de Vink und der Spanier Pedro Dot. Seit 1970
haben sie dank des Engagements von Ralph Moore auch die USA
erobert. Anfang der achtziger Jahre begannen sich die »Meillandina«-
Rosen durchzusetzen, eine Gruppe kleiner Rosen von kompaktem
Wuchs, großer Blühfreudigkeit und Blühleistung. Sie tragen große,
gefüllte Blüten in den verschiedensten Farbstellungen (orange,
zitronengelb, aprikotfarben, rosa, rot und weiß).

Die Blumengeschäfte können dank der Unterglaskultur vollerblühte
»Meillandina«-Rosen bereits zum Valentinstag am 14. Februar
anbieten. Allerdings sollten die Pflanzen nur wenige Tage in geheizten
Räumen verbleiben, denn dort fehlen ihnen die lebenswichtigen
Faktoren wie Licht und Luftfeuchtigkeit. Die Rosen sollten deshalb an
einen kühlen Platz gestellt werden, z. B. auf die Veranda, bis die
Witterung die Auspflanzung auf dem Balkon oder im Garten erlaubt.
Eine Reihe ähnlicher Rosen mit dem Namen »Mini-Jet« soll im Laufe
des Jahres 1987 auf den Markt kommen.

Stammbaum

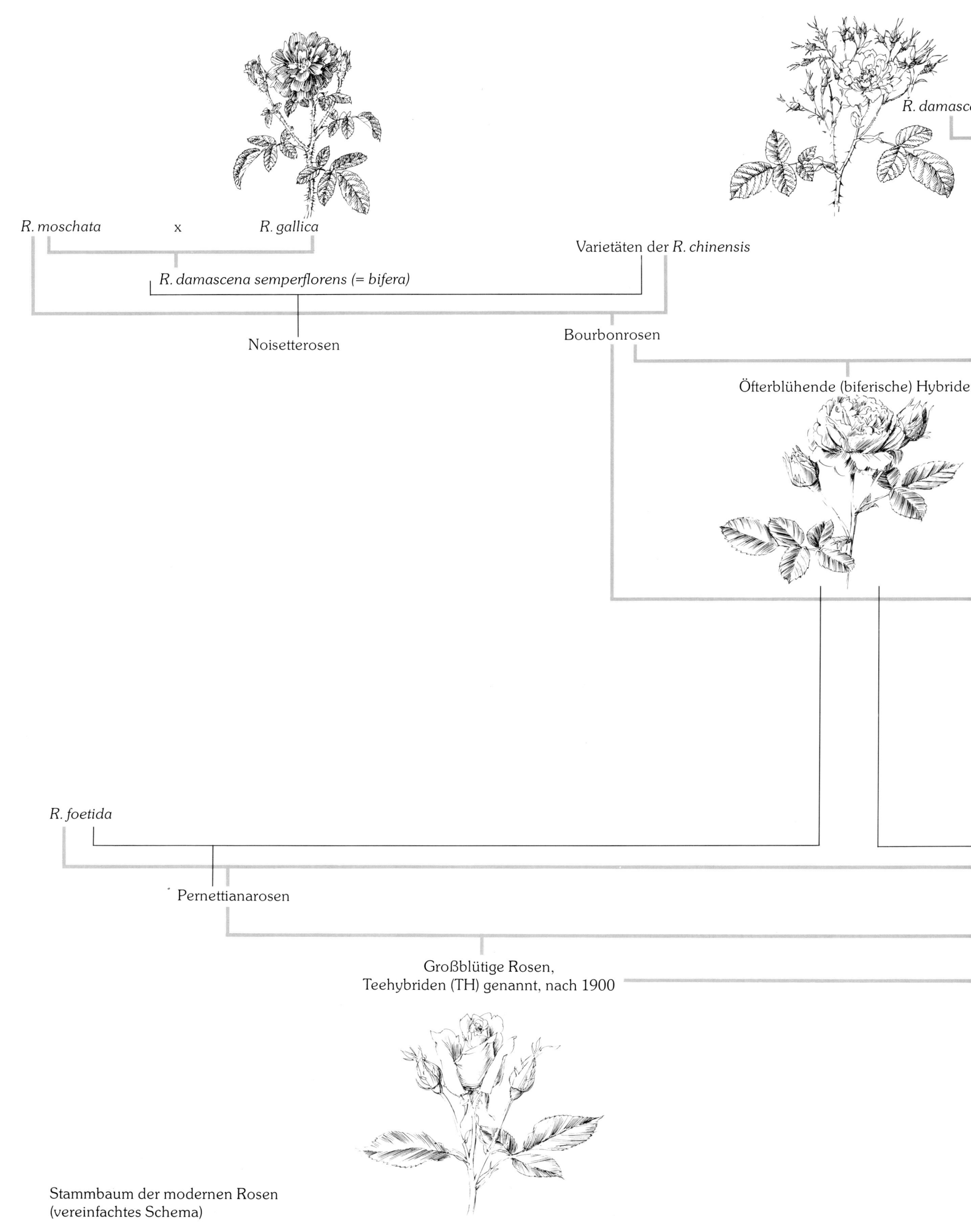

R. moschata x *R. gallica*

Varietäten der *R. chinensis*

R. damasce

R. damascena semperflorens (= bifera)

Noisetterosen

Bourbonrosen

Öfterblühende (biferische) Hybriden

R. foetida

Pernettianarosen

Großblütige Rosen,
Teehybriden (TH) genannt, nach 1900

Stammbaum der modernen Rosen
(vereinfachtes Schema)

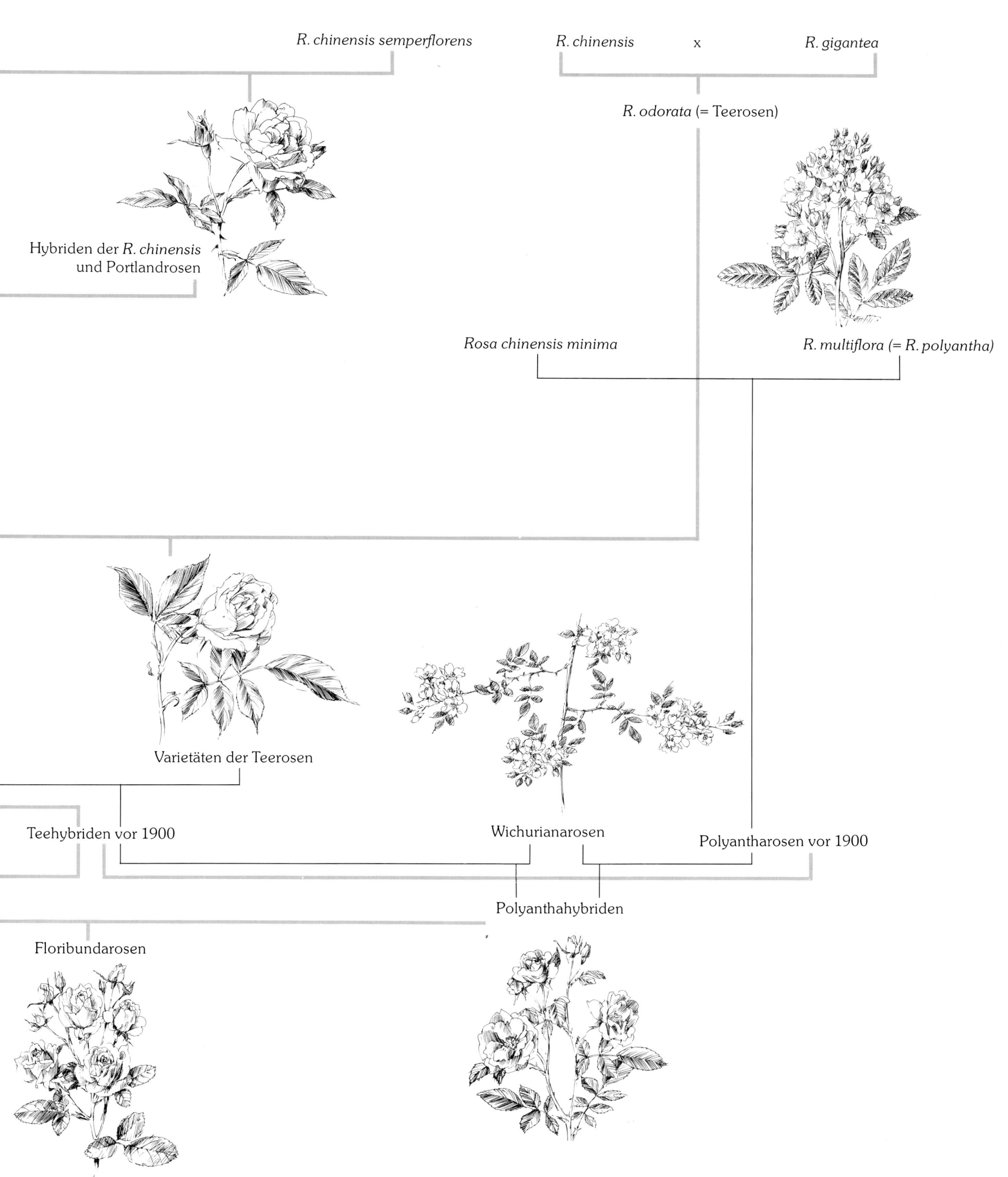

R. chinensis semperflorens

R. chinensis   x   R. gigantea

R. odorata (= Teerosen)

Hybriden der R. chinensis
und Portlandrosen

Rosa chinensis minima

R. multiflora (= R. polyantha)

Varietäten der Teerosen

Teehybriden vor 1900

Wichurianarosen

Polyantharosen vor 1900

Polyanthahybriden

Floribundarosen

Bibliographie

Bean W. J., *Trees & Shrubs Hardy in the British Isles,* Bd. I–IV, 8. Aufl.,
   London, 1970–1980.
Coggiatti S. – Trechslin A. M., *Roses d'antan,* Bern, 1975.
Coggiatti S. – Trechslin A. M., *Rose antiche – Rose moderne,* Zürich, 1985.
Gault S. M. – Synge P. M., *The Dictionary of Roses in Colour,* London, 1971.
Harkness J., *Roses,* London, 1978.
Harkness J., *The Makers of Heavenly Roses,* London, 1985.
Kordes W., *Das Rosenbuch,* Hannover, 1971.
Krüssmann G., *Rosen, Rosen, Rosen,* Hamburg, 1974.
Modern Roses 8, American Rose Society, Harrisburg, 1980.
Rose Annual, American Rose Society, Shreveport, 1955–1985.
Rose Annual, The Royal National Rose Society, London, St. Albans, 1907–1985.
Scheerer, O., *Rosen in unserem Garten,* München, 1976.
Shepherd R. E., *History of the Rose,* New York, 1954.
Simon L. – Cochet P., *Nomenclature de tous les noms de roses,* Paris, 1906.
Singer M., *Dictionnaire des roses,* Bd. I–II, Brüssel, 1885.
Thomas G. S., *Climbing Roses Old and New,* London, 1978.
Thomas G. S., *Shrub Roses of Today,* London, 1974.
Thomas G. S., *The Old Shrub Roses,* London, 1978.
Willmott E., *The Genus Rosa,* Bd. I–II, London 1910–1914.
Woessner, D., *Gartenrosen,* Stuttgart, 1978.
Young, N., *The Complete Rosarian,* London, 1971.

Alphabetisches Namensverzeichnis

Danksagung

Die Künstlerin dankt den Schweizer Rosenzüchtern Hauenstein,
Hauser und Tschanz für die stets sorgfältige und rasche Zusendung
vieler in diesem Buch wiedergegebener Rosen.